臺灣能源轉型十四講

2016年度
風險分析報告

周桂田 林子倫———主編

RSPRC

富邦文教基金會

巨流圖書公司印行

國家圖書館出版品預行編目（CIP）資料

臺灣能源轉型十四講／周桂田，林子倫主編
. -- 初版 . -- 臺北市：臺大風險政策中心，
2016.03
　　面； 公分

ISBN 978-986-04-8109-9（平裝）

1. 能源經濟 2. 綠色經濟 3. 文集 4. 臺灣

554.6807　　　　　　　　　　　105003025

臺灣能源轉型十四講

主　　　編　　周桂田、林子倫
責 任 編 輯　　何威融、許靜文、林瑜璇
封 面 設 計　　Lucas

出　　　版　　國立臺灣大學社會科學院風險社會與政策研究中心
　　　　　　　10617 臺北市大安區羅斯福路四段 1 號
　　　　　　　電話：02-33668422
　　　　　　　傳真：02-23657409
　　　　　　　e-mail：ntusprc@ntu.edu.tw
　　　　　　　網址：http://rsprc.ntu.edu.tw

編 輯 部　　　23445 新北市永和區秀朗路一段41 號
　　　　　　　電話：02-29229075
　　　　　　　傳真：02-29220464

劃 撥 帳 號　　01002323 巨流圖書股份有限公司
購 書 專 線　　07-2265267 轉 236

法 律 顧 問　　林廷隆律師
　　　　　　　電話：02-29658212

出版登記證　　局版台業字第 1045 號

出 版 贊 助　　富邦文教基金會

ISBN ／ 978-986-04-8109-9（平裝）
初版一刷‧2016 年 3 月

定價：280 元

目 次

序

近年來，臺灣的風險爭議事件頻傳，我們的社會面臨越來越艱鉅的考驗。在經濟發展之餘，如何享有一個更好的環境，追求永續或好的生活，成為人們渴求的願景。除了全球氣候變遷、自然災害，以及傳染疾病的蔓延，在臺灣，食品安全、環境污染，以及工業開發帶來的災害事件，都暴露出我們的社會在面對災害時的脆弱性。從2011年日本福島核電廠對臺灣廢核的省思、2014年高雄氣爆、餿水油的食品安全爭議，以及近期臺灣上空可見的霾害與空氣污染，乃至本書出版前夕，臺南地震下倒塌的維冠大樓及其帶來的嚴重傷亡；無論天災或人禍，這些事件的出現，都牽動著我們對風險治理的討論，特別是政府、產業與民間彼此的對立、推託與不信任，造成許多問題的擴大，直至難以解決，風險治理也成為當前重要且急迫的挑戰。

風險社會與政策研究中心希冀能夠透過論述與研究，建立知識與溝通的平台，促進臺灣社會對當代各種劇烈社會變遷與政策議題有更深刻的認識，同時，建立長程政策論述與規劃建言，並嘗試將學術研究成果，轉譯為企業、政府、公民容易懂的知識，藉以打破學術與社會藩籬，促進社會創新，突破當前臺灣社會面臨的風險考驗，進一步為新的社會價值帶來契機。

從2015年開始，本中心規劃出「臺灣風險治理系列叢書」，第一本系列叢書主題探討食安、科技與環境；此次系列叢書以「能源轉型」為年度主題，我們邀請了相關領域的學者專家，撰文探討分析相關議題。在章節安排上，我們規劃出五個單元，依序為「總論」、「跨國比較」、「能源與空污」、「低碳運輸」，以及「能源轉型策略與挑戰」。本書首先從氣候變遷與能源轉型的視角出發，探討當前全球氣

候治理的政經局勢以及臺灣的轉型挑戰（第一部分），進一步，我們也提供跨國視角，比較德國、美國的能源轉型相關政策與案例，藉以對國內的政策提出建言（第二部分）。其次，本書聚焦探討當前能源爭議的幾個重要主題：空氣污然與煤炭燃燒，檢驗中央與地方政府的管制作為和治理成效（第三部分）；我們也針對都市與低碳的主題，指出當前都市治理對低碳發展的迷思或限制（第四部分）。最後，本書嘗試回到實踐的問題，引介國內外能源轉型的成功案例，包括社區型或合作社的運作方式，思考能源轉型是否可能又如何可能（第五部分）。

　　這樣的章節安排與介紹，除了協助讀者掌握本書，也期待提供給讀者不同面向的能源議題思辨。未來，本中心將持續關注風險治理更多主題，並透過實體和數位出版，帶來更多元、更具行動性、制度性和參與性的風險治理系列叢書。

周桂田

2016 年 3 月 11 日

第一部分

總論

📖 第1講
氣候變遷驅動下臺灣能源轉型挑戰

周桂田

國立臺灣大學國家發展研究所教授暨
臺大社會科學院風險社會與政策研究中心主任

壹、全球氣候風險下之能源轉型

一、能源轉型為世界風險社會運動

　　從知識社會學的角度來看，在 1990 年代主要工業國啟動再生能源的發展路徑，其主要利基在於尋求先驅的新能源技術與競爭，而僅理念式的推廣綠色能源來因應地區性的環境破壞；然而，自 21 世紀初以來，此種理念式的科技創新發展，卻被全球各國越來越劇烈的氣候洪災、乾旱與大規模災害損害所驅迫前進。換句話說，這是人類自身在當代工業社會中產生大規模、無法回復的環境污染與災難後果後，所自我對峙、自作自受的風險社會苦境所演變的轉折。而這個轉折正驅迫全人類朝向低碳能源、經濟與社會的轉型，無法逆轉。

　　能源轉型愈遲滯、怠惰，人類面對的災難將如時間炸彈一般，越晚爆炸威力越大越強。

　　德國氣候變遷委員會（WBGU, 2011）指出，近十多年來全球暖化與氣候變遷造成人類日益面對環境、經濟、社會與生存等災難性的崩潰（dramatic collapse），已經迫使世界各國需要從目前高度浩劫資源、能源密集、高度排碳與污染的產業經濟社會，轉型朝向低能源密集、低碳排放、低污染、資源再循環利用之綠色永續社會發展。

　　因此，能源轉型重要驅力除了莫過於日益嚴峻的劇烈氣候變遷，其也關涉到全球與內國的經濟模式、消費生產、環境與社會永續，具有全球化下大尺度（large scale）與大空間（large space）之跨界風險（trans-boundary risks）（跨領域、跨疆界、跨學科）問題挑戰。我們需要以整體的角度來思考這個新興的、具有高度風險與機會的人類文明變遷。

二、三螺旋運動 ＋ 垂直壓力與水平壓力

　　如果定調能源轉型為全球氣候變遷下世界各國的風險社會（自我）驅迫運動，並且具有大尺度、大空間之跨界特性，那麼，在這個視野之下，我們不能僅以單一問題視角或地域來思考，而是需要有**全球化架構下的氣候與能源轉型戰略思維**。亦即，無論是全球或各國，需要從單一面向的**減碳架構下的能源燃料轉變**，同時轉向**產業轉型、空污治理轉型之三螺旋運動戰略思維**；它們不但是跨界的，**也鑲嵌在全球化變遷運動中**。並且，在這三個共時發生的螺旋運動中，政府治理除了需要面對國際排碳綠色公約的壓力（**垂直壓力**），也需要承受內國社會公眾能源民主的呼聲，即要求參與能源決策與轉向新能源的壓力（**社會水平壓力**）。

　　事實上，早期歐美國家先行的能源轉型，比較單純的為人們對核災的抗拒，尤其是 1979 年美國三浬島核災與 1986 年烏克蘭車諾比爾核災，促動了民間的行動與變革；而全球暖化與空污並未列為重要的社會議題，反倒是再生能源做為創新與競爭的先驅技術因素，連結民間能源民主的壓力，而產生各國程度不一的能源轉型。因此，從反身性現代化的角度來看，全球與各國之外部與內部壓力所促成驅動能源轉型有程度的不同，端視各個社會的能源政治脈絡與衝突壓力。如歐洲幾個國家在車諾比爾核災事變之後，先後的啟動能源轉型；而其他國家則起步的較緩。我們可以從比較國際再生能源的發展中（圖1-1），看到這個問題的端倪。尤其，東亞的發展型國家起步的更晚，2013 年及 2014 年臺灣與南韓再生能源佔各全國發電量居於全球主要工業國家的最後兩名，日本若扣掉慣常水力，2014 年真正再生能源佔全國發電量比約只有4%，也相對的低。

　　然而，**端視各國內部的能源政治與社會衝突因子的時間已經過去**，如上所述，全球各國已經陷入氣候減碳、綠色科技與經濟、甚至空污導致健康風險之三螺旋運動。特別是東亞國家或新興工業化國家，與早先啟動能源轉型的歐美國家最大不同之處，在於除了面對綠色經濟轉型的劣勢之外，更須面對大規模、大空間的空污霾害治理壓力與轉型；而後者，為歐美國家先前所沒有的經驗。換句話說，此三螺旋運動對亞洲或後進的國家之挑戰，更甚於歐美國家。

　　而同時，目前國際間或區域間國家能源轉型的成功或遲滯範例，連帶的影響內國社會的發展；全球經濟模型朝向低碳與新經濟工業4.0 的潮流，也迫使內國政府的產業發展決策連動能源耗用問題需要重新調整，並受到社會強健的挑戰。在亞洲，特別是 311 福島核災與跨境的輻射污染、跨境的 $PM_{2.5}$ 空污擴散，更使得亞洲國家、社會因

為地理、政治文化或產業的親近性，反身的被迫面對、對峙這整個跨界（跨科際、跨境）的永續或不永續社會系統發展問題。

三、低碳社會與經濟時代的來臨

事實上，從人類近代社會變遷的發展經驗而言，當代能源轉型之三螺旋運動已經逐步的滾向全球邁向低碳經濟、產業的大系統轉換。

1970 年初後工業社會來臨（Bell, 1973）與第三波資訊革命（Toffler, 1984）的宣示，展開了新一波的技術與社會變革，而於 1990 年代中當網際網路鋪展為世界各國重要的國家資訊基礎結構（National information infrastructure），啟動了網絡社會的興起（Castells, 1998）。而此資訊經濟快速的產業變革，更於 21 世紀第一個十年萌芽為數位經濟社會，平板電腦、網路通訊與智慧型手機架構了新的社會消費與行動；並且於新世紀的第二個十年轉向大數據、物聯網與自動化等複合的工業 4.0，揭示了不可逆的雲端產業經濟社會的來臨。

相對於資訊社會在短短二十年的變革與成熟，我們必須**肯認與準備低碳經濟社會時代即將快速來臨**。從時序來看，全球各國於 2010 年前後為因應國際減碳的壓力已迅速發展再生能源，隨著再生能源技術與市場價格的競爭化，快速地建構新的、去化石燃料的綠色能源社會系統。而新能源技術的拓展、全球大規模的空污擴散壓力，將更加速友善地球、低碳經濟社會的到來。尤其，2015 年 12 月初《聯合國氣候變遷綱要公約》第二十一屆締約國大會（COP21）所達成的巴黎協議，揭櫫了化石燃料時代的終結，更將令全球於 2025 年提前進入到新的低碳文明。後者將隨綠色消費、個人自主、分散多元、物聯網絡擴散、甚至結合個人生產與消費（能源、商品）模式的個人化社會，而產生目前無法預測的大變革。

　　這個鉅變（great transformation）似乎在臺灣只被窄化為能源類型爭議，若不鉅觀的洞見與掌握**人類社會將快速轉換文明的軌道至綠色、低碳社會路徑，將如馬克思（Karl Marx）所言，這個國家被遠遠的拋出歷史轉換的列車之外。**

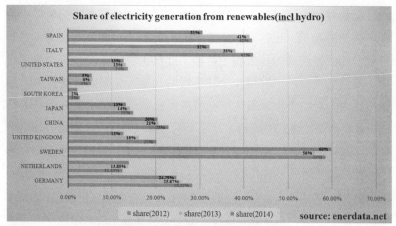

圖1-1　全球主要國家再生能源佔全國發電量比
資料來源：IEA（2015）。

貳、臺灣能源轉型的困境與挑戰

　　面對全球的減碳、產業轉型、空污治理轉型三螺旋運動，臺灣能源轉型的困境與挑戰必須放在兩個重要面向來思考，第一為價值導向，我們需要重新建構臺灣未來經濟社會的價值方向；第二為我們需要審視能源轉型的結構困境。以下將就分別討論。

一、重塑價值導向

（一）轉型遲滯與怠惰之路徑依賴

　　臺灣的經濟與社會發展在目前全球朝向低碳經濟的歷史漩渦中，已經達到轉換的臨界點。在1980年代之前臺灣產業策略的成功，帶動了經濟的起飛，也奠定了國家做為代工製造業體系的基礎；1990年代台商西進前往中國投資，延續了此代工製造業體系中大量、快速、彈性的優勢，也取得在全球市場的利基，並形成臺灣經濟的榮景。然而，近二十年來當全球的經濟與社會體系在全球化中尋求科技、產業與商業模式的創新，透過不斷的嘗試與錯誤來修正與創造新生的知識經濟，因為享有現行的中國市場與製造端優勢，臺灣卻喪失了各種創新的路徑。

　　白話來講，1990年代初期台商因為本地的環境與勞工成本升高而被迫轉入中國，雖然暫時尋得持續競爭的利基，但也喪失了一次重要的產業升級機會；而中國龐大的市場、低廉的環境與勞動成本，從另外的角度而言，也將臺灣的經濟體系鎖入（locked in）近二十年。這二十年由於缺乏外力的驅迫，除了幾家大企業在近十年洞察到這樣的危機而進行創新與改變商業模式之外，也導致大部分的企業流失了第二次、甚至第三次的產業升級與創新。直到近幾年，當中國逐步被迫收攏製造基地、日益升高的環境與勞動權益呼聲、以及其內部產業技術的升級與崛起，明顯的壓迫臺灣的技術、經濟與社會，已經促使臺灣陷入需要重塑經濟與產業發展方向的危機。另一方面，又必須面對日益快速的全球低碳經濟轉型的壓力。

　　當過去的經濟優勢發展出結構性的路徑依賴，而使得過去習以為常的代工製造、技術與商業模式變成欠缺創新壓力的根源，導致了臺灣的產業轉型怠惰；高耗能高污染的產業模式轉型遲滯，連動到以核

能、化石燃料為主的能源轉型怠惰；根本上，此路徑也將政府治理鎖入東亞發展型國家的雁行經濟模式思維，雖力求突破，但習以為常、以中國為座標的舊有思維（范疇，2015），使得臺灣目前雖赤裸裸的面對全球氣候變遷的三個螺旋運動，政府治理仍然怠惰並嚴重缺乏創新。

　　幸而，在這個壓力點上，臺灣社會過去累積的彈性與變動能耐基礎，是一個契機。

　　事實上，臺灣能源轉型的政策脈絡早啟動於政府在 1998 年回應《京都議定書》首次召開全國能源會議、2001 年成立國家層級之行政院永續發展委員會擬定經濟與社會發展藍圖、2005 年召開第二次全國能源會議、2006 年召開全國永續經濟會議、2009 年召開第三次全國能源會議、2009 年經濟部推動綠色經濟與新能源產業旗艦計畫、2010 年行政院推動「低碳經濟」、「低碳社會」發展藍圖，並於 2011 年建構節能減碳行動方案、2011 年經濟部能源局因日本福島核災衝擊重新擬定，而於 2012 年 6 月頒佈之《能源政策發展綱領》、2012 年 6 月行政院經建會公佈《國家氣候變遷調適政策綱領》、2015 年初召開第四次全國能源會議。

　　然而，近十多年來雖然政策發展規劃從減碳朝向低碳經濟社會之宣示，上述路徑依賴的結構性困境，並沒有明顯的突破。自 1986 年反杜邦運動、1980 年代末反核四運動、1995 年濱南工業區開發爭議、1998 年反拜耳化學廠運動、2008 年中科三期高科技污染事件，到 2010 年國光石化開發爭議、2012 中科四期開發與搶水爭議、臺東美麗灣開發爭議等，都突顯臺灣面對**全球劇烈氣候變遷**挑戰下，經濟、能源與社會之永續與低碳典範的弔詭。從產業與能源推動政策與實踐上來看，雖然政府不斷宣示產業結構的調整，但仍然尋舊有的路徑推動。

（二）打造新的制度理性與社會認知

分析此將臺灣政府治理鎖入結構性的路徑依賴困境，包含了制度理性、經濟模式、能源選擇意識型態、社會認知等。

在制度理性面向上，臺灣政府對化石燃料的補貼並未中斷，根據國際能源發展總署（IEA）的統計，2013 年臺灣工業電價補貼達新臺幣321.43 億元（台電，2014）。此能源補貼型經濟競爭過去雖有助於扶植產業的成長，但長久以來已經造成產業缺乏創新的能動。另一方面，寬鬆的環境管制理性，深信其將有助於企業創造利潤。然而，未能嚴格化的環境治理，造成企業不但將環境成本嚴重到外部化，而使得製造研發端欠缺發展高值化的產品，與全球競爭。另一方面，也嚴重造成在政府治理上企業極力尋求尋租行為（rent seeking），而產生有錢乃大的政商關係叢結，形成臺灣發展的危機。而這部分從2013 年全球最大的半導體封測廠日月光公司偷排廢水、齊柏林《看見臺灣》，事實上仍然驚述二十多年來沒有進步的嚴重環境污染可見一斑。

這樣的制度理性，事實上是違反國際潮流。經濟合作暨發展組織（Organization for Economic Co-operation and Development, OECD）在2013 年比較全世界各主要工業國指出，環境管制越嚴格的國家，其競爭力也越強（Botta & Koźluk, 2014）。包括德國、瑞典、丹麥等國一方面施行較高標準的環境管制，一方面透過環境管制來驅動產業創新，而引領全球。

這個環境嚴格度驅動國家之產業與經濟創新之新典範，對於臺灣有重大的參考意義；無論是經濟模式、能源選擇與社會認知，臺灣過去都停留在上述褐色經濟的叢結。在經濟模式上，根據研究資料顯示（詳見下述），臺灣自1997 年以來不斷推展耗能、耗水、高污染的

產業，至 2007 年因而形成二氧化碳排碳逐步上升，達到 1990 年初期的 2.3 倍；相對的，能源消耗也逐步提升，製造業能耗約佔全國之一半。其中，石化業為帶動臺灣二氧化碳排碳與耗用能源的重要因子（Chou & Liou, 2012）；然而，這些高排碳、高耗能、高污染與高耗水的產業二十多年來並沒有提升至具有國際競爭力的高值化產品，喪失了關鍵的創新與轉型契機，直至目前，中國與東南亞的石化業興起，已經產生重大威脅。

　　舊有的褐色經濟也捆綁了社會的認知。的確，在 1980 年代中石化業奠定了臺灣重要的經濟發展基礎，接近 1/3 的出口、1/3 的製造產值以及約 1/3 的製造業人口由石化業所貢獻。然而，直至目前為止，許多人仍然念茲在茲石化業的重要性，而諸不知由於環境管制的鬆懈、政府放任產業之環境與社會成本外部化，造成石化業在近十年來對全國 GDP 貢獻大約僅維持在 1.67% 上下（寬鬆定義的石化業近十年來 GDP 貢獻也大約僅維持在 2.6% 左右）（周桂田編，2014）。而此產業轉型怠惰而欠缺國際競爭力的石化業，相對的，仍然佔耗用全國能源材料的 1/4；高度矛盾的是，許多人的社會認知無視於全球氣候變遷下國際綠色公約的減碳要求與壓力，更無視於臺灣本身 99.3% 全部依賴進口，仍然發展此種高耗能、高排碳的產業。

　　石化業的轉型勢在必行；而盲目的社會認知，是阻礙國家產業創新與升級的最大絆腳石，也將使得臺灣在全球能源轉型的三個螺旋運動中，繼續陷入褐色經濟的漩渦。

（三）跳脫褐色能源漩渦

　　在能源選擇上，臺灣社會的認知也需要從褐色經濟的思維翻轉出來。低碳社會的能源認知，包含低污染、低排碳、低風險的能源產業；而褐色經濟的能源認知則容許高污染、高排碳、高風險爭議的能

源產業。當世界各國已經逐漸從過去徘徊在褐色能源與高風險的核能典範中脫離，而近十年來快速的發展新能源與再生能源（參見圖1-1），並且特別是在2011年日本311福島核災之後跳脫核能為對抗暖化之低碳工具，臺灣社會仍然欠缺快速移動的認知與量能。

從2014年（2013年）臺灣的發電結構分析上來看，化石燃料（火力發電）佔全國總發電量約79%（78%）強，其中，燃煤發電佔46.94%（48.06%）、燃氣發電佔28.97%（27.55%）、燃油發電佔2.79%（2.35%）；另一方面，核能發電佔16.3%（16.5%），再生能源發電僅佔3.8%（4.21%）左右（Liou, 2015；能源局，2015）。

從部門別來看二氧化碳排放，自2000年火力發電突破全國二氧化碳排碳的52.4%後一路上揚，至2014年（2013年）佔全國排碳59.92%（58.72%）（Liou, 2015；能源局，2015）；火力發電溫室氣體排放量中，2014年（2013年）燃煤佔67.56%（69.52%）、燃氣佔26.47%（25.52%）、燃油佔5.97%（4.96%）（台電，2015）。

這些數據明顯的顯示我國一方面能處於褐色能源漩渦，過高比例的火力發電，特別是燃煤發電造成高額度的二氧化碳排碳；另一方面，過低的再生能源發電比例，也無法拉動臺灣轉向低碳能源社會。而這兩個面向，都嚴重與全球低碳與綠色能源發展背道而馳。再者，雖然我國於2000年初已經通過非核家園的政策宣示，但是長期以來對核能的迷思，除了貶抑再生能源的發展而形成與全球嚴重的脫勾之外，目前卻也倒過來持續塑造沒有核能臺灣即將缺電的論述，殊為可惜。

能源選擇的社會認知，需要由下而上徹底進行能源民主的思辯與實作；以舊的能源發展架構，當使得臺灣能源轉型繼續陷入褐色能源的漩渦。

（四）揚棄社會轉型怠惰

長期褐色經濟與能源的路徑依賴，除了造成能源轉型、產業轉型與政府治理轉型的怠惰，也嚴重地造成社會轉型的遲滯。臺灣在工業國家中具有全球最低的水價，工業用電與家戶用電價格也為全球最低廉的前幾名；甚至，在化石燃料補貼下汽柴油也相當便宜。在這樣的架構之下，增添了價值、行政與社會創新障礙。

一方面，低廉的能源價格，讓民眾習以為常而欠缺節能的動機與警覺，臺灣民眾用電度數高於日、韓與全球。根據 Key World Statistics 報告（IEA, 2015）指出，臺灣在2013年的人均用電量10,458度（瓩），在全球國家排名為第十二名（扣除地區、組織），為亞洲鄰近國家中用電量最多。其中韓國人均用電量排名為第十三名（10,428度），日本為排名第二十一名（7,863度）。可見，我國節能仍然有相當大的空間。

而能源耗用習性建立在低廉的電價，並關連到油價、水價的平均日常生活能源架構，若不透過創新的管制或行政誘因改變，已經明顯的阻礙了社會創新。例如，電動機車與電動車的推展，在低廉的油價基礎上無法鼓勵消費者轉向，而導致目前世界各國已經大力推動電動車而臺灣似乎一直停留在突破瓶頸階段。這個明顯的社會轉型怠惰表面上持續供給了民眾低廉的能源價格，實際上卻造成臺灣社會對國家高度依賴能源進口欠缺警覺，尤其，當全球氣候變遷公約已經日益驅動前述的排碳、產業轉型與空污治理轉型之三個螺旋運動而朝向低碳社會演進，臺灣似乎與全球發展趨勢斷鏈（delink）。

這是社會轉型怠惰與遲滯的危機。亦即，當全球新的發展趨勢已經崛起，臺灣社會還在舊式、高度依賴耗能行動與思維模式下進行運作與生產。並且，在這個落後的框架中整個社會陷入了維持產業低廉電力成本迷思，並與公眾日益覺醒的 $PM_{2.5}$ 空污治理要求相互矛盾。

另一個角度而言，由於長期的低廉能源產生的社會與產業慣性，轉型運作也產生衝突。當行政管制企圖調高能源價格之際，即受到各方的牽制，並不順暢。當然，其中涉及電力長期壟斷之生產端結構問題與弊病，需要大力的改革；另一方面涉及能源貧窮與正義的問題，可以以耗能級距方式來調整電力價格，俾使中低收入者能在電力價格改革中獲得保障。一般而言，臺灣電力價格的級距設計仍然需要重新調整，與韓國電力價格級距設計有數倍之落差相比，仍存在相當的能源不正義問題。

簡言之，針對能源變革所產生長期的社會轉型問題，需要從多面向同時進行，更需要從能源分配、能源正義、電力結構改革、電價級距設計等面向來重新架構政策，方能在治理倡議過程中取得正當性，並得到民眾的支持。

二、能源轉型的結構困境

（一）高碳社會結構

臺灣近二十年來 CO_2 排放量增加為116% 到137% 之間，年平均成長率超過4.9%。2008 年臺灣二氧化碳排放量為252 百萬公噸，佔全球1%。同年人均排放量達11 ton CO_2，佔第十八名。2010 年 CO_2 人均排放量升高至11.53 噸，排名更提升至全球第十六名，而在五百萬人口以上國家臺灣更名列第六，以人口一千萬以上國家而言，臺灣排名第八位。而最新的數據顯示，2014 年 CO_2 人均排放量升高至10.95 噸，同樣在一千萬人口以上國家臺灣名列第八（IEA, 2014）。事實上，臺灣在全球為中型經濟體，雖然不屬於聯合國的一員，但高額的碳排放將成為國際綠色公約制裁的對象。1994 年大西洋鮪魚公約對臺灣的制裁即是事實。

　　然而，近十多年來臺灣政府核定的重大開發計畫，似乎與上述的國際碳排制裁脫鉤，毫無視於2010年聯合國氣候變遷大會（COP16）針對新興工業國家需承受「共同但差異」碳排減量責任，仍然持續鼓勵耗能產業（Chou & Liou, 2012）以及效率較低、以火力為主的能源發電類型。

　　從另一個角度來看，雖然政府部門已經意識到**臺灣需要從過去的褐色經濟轉向綠色經濟**，行政院經建會並在Rio+20會議之後成立綠色經濟推動小組（劉兆漢，2012）；但此種規範性的宣示並不足以掌握與確實實踐臺灣的低碳能源轉型。要瞭解過去以來臺灣整體轉型的怠惰，包括政府治理轉型怠惰、產業轉型怠惰與社會轉型怠惰，我們需要重構能源轉型本質上的跨科際複雜問題的解釋藍圖（explaining roadmap）：亦即過去種種單向的經濟與產業模型分析，由於受限於視野與政治決策，缺乏跳脫典範的思維。

（二）轉型怠惰的哀愁：超低的再生能源比例

　　即使能源四法中《能源管理法》於2009年修訂朝向能源效率、2009年6月通過《再生能源發展條例》，五、六年來整體看來仍然未見到臺灣能源轉型的驅動之一，即再生能源的大幅增長。臺灣再生能源的發展起步已經比其他國家晚約十到十五年以上，然而，政策目標模糊與深陷在核電迷思，更加遲緩能源轉型的變革，此種核電優位的邏輯，掩蓋了火力發電結構的調整，並阻撓了再生能源發展的進程與速度，完全與國際的發展脫鉤。

　　事實上，由於全球暖化與國際綠色公約的壓力，許多國家早已調整能源發展的結構，一方面調整火力發電燃煤與燃氣配比，或致力提升火力發電效率與技術以降低排碳與污染；另一方面並擬定階段性策略、配套管制規則與誘因，迅速提升再生能源的比例。即使，維持核

電比例做為國家能源結構的主要國家，也都同時進行上述兩個重要的能源轉型措施，而毫不荒廢面對全球低碳經濟與社會體系全面變革的能源轉型發展。甚且，在311福島核災事變後，由於核電與核廢料的成本被重新估算，各國亦有降低核電比例的做法，如法國。

從路徑依賴的角度來分析，無論在價值、認知、行政與技術本位上，近十於年來政府與民間身陷在核電迷思的攻防，嚴重的阻礙臺灣能源轉型的變動。於是，至今超低比例的再生能源發電佔比、遲緩變革的火力發電結構，以及無能力解決核廢料去處的核電經營，反而自我牢籠式的主張我國發展再生能源或轉換火力發電結構的高困難性，完全無視於全球氣候變遷與國際在能源、低碳社會的快速發展趨勢。

而這些意識型態、認知、政府行政上的障礙與錯誤的技術思維不改變，我國能源轉型不可能成功。

當然，發展再生能源或調整火力發電結構，在世界各國都面臨一定的挑戰與轉折後，逐步奠定基礎並階段性的邁開步伐大力發展，唯有國家需訂定明確的能源政策與目標。這個各國的發展經驗值得我們深思，尤其在臺灣，最大的危機除了欠缺清晰與階段性調整的能源政策之外，也面對社會信任的困境，亟需突破。

從數字來看臺灣能源轉型的嚴重遲滯與怠惰，我國再生能源發展遠遠落後於全球主要工業國家。從圖1-1可見，在2012年、2013年、2014年主要工業國家再生能源佔全國發電比迅速成長，美國從13%成長至14%、英國從13%成長至20%、德國從24.79%成長至28.29%；在東亞，中國從20%成長至23%、日本從13%成長至15%，反觀臺灣近三年仍然原地踏步（參見圖1-2），一直停留在5%毫無進步，比較2013年與2014年甚至退步。**而拉長十年期來看，臺灣從2001至2014年再生能源佔全國發電量比例一直在3%至4%上**

下擺動；更令人驚訝的是，一旦扣除慣常水力，這十出頭年來，再生能源佔全國發電比只有進步約1%。

任何說法，都無法掩蓋臺灣嚴重的能源轉型怠惰事實！

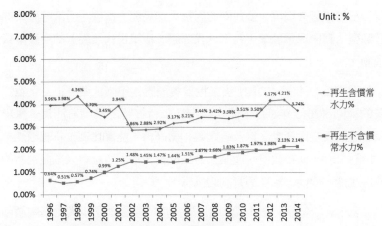

圖1-2　歷年臺灣再生能源佔全國發電量比
資料來源：能源局（2015）。作者製表。

（三）沒有藍天：空污 $PM_{2.5}$、運輸、禁燒生煤衝突

基本上，臺灣社會目前在上述國際的減碳、國內的 $PM_{2.5}$ 空污運動、以及全球朝向綠色、低碳經濟趨勢等壓力之下，能源轉型已經被迫啟動。

由於產業與能源轉型的遲滯，現實上造成臺灣主要地區空氣污染嚴重，各地全年 $PM_{2.5}$ 懸浮微粒污染皆超過 WHO 年平均值15（2014年12月）微克／立方公尺的安全值。尤其臺灣中部與南部火力發電與耗能產業的空污擴散效應，已經擴散到各地甚至到非工業鄉鎮（如竹山、埔里）；而各種健康效應科學證據也逐步指向空污因素（2016年臺灣十大死亡因子統計）。隨著 WHO 於2013年宣告 $PM_{2.5}$ 為重要

致癌因子，國內外相關的 $PM_{2.5}$ 風險報導強化，自 2010 年國光石化運動後以來，$PM_{2.5}$ 空污風險運動逐步在 2015 年中推向高點。除了中部六縣市長聯合簽署禁燒石油焦與生煤引發中央與地方能源治理的衝突外，各地區由民間推動紛紛成立空氣污染防治委員會，**明顯的，能源轉型已經從過去環境、公民團體對抗大型耗能、高碳、污染的產業開發類型，轉向民眾關懷、為下一代健康（環境世代正義）的中產階級運動。**

尤其 2015 年底 COP21 決議世界各國應逐年降低與終止對化石燃料的補貼、2015 年 5 月中部六縣市長聯合簽署的禁燒石油焦、生煤及各地的反空污運動，以及各國競相衝高再生能源比例、新能源產業（如電動車），使得政府、產業、公民社會、學界、社會大眾面臨新的能源生產、效能、治理與管制的挑戰。

當 $PM_{2.5}$ 空污風險意識受到民眾高度的重視並逐步轉化為中產階級運動，已經成為新的風險政治壓力，需要全盤與創新的能源治理思維。尤其，當各地的反空污團體將抑止空污的壓力點集中在以燃燒生煤的火力發電上，政府更應迅速的盤點與調整能源排碳、空污與產業轉型的路徑與資料，提出積極的治理方針。

從風險治理的角度來看，整個國家與社會需要釐清 $PM_{2.5}$ 空污的來源，亦即，根本地進行風險評估探究空污來自各地火力發電廠、耗能與污染廠場、移動性污染源（運輸）與日常污染源（包括家戶、廟宇等），並且全盤的評估各區域跨界的空氣污染對民眾健康之損害。以此基礎與廣泛的風險評估數據，來做為政府治理的重要依據；然而，根據瞭解，直至目前我國各個管制部會仍然高度欠缺這些系統性地分析與彙整的資料。嚴重欠缺「該做而未做的科學」（undone science）也明顯地顯示政府治理的怠惰。

另一方面，系統性的風險評估需要與對民眾的風險溝通同時進行。世界衛生組織（WHO, 2002）指出，透過與各利害關係人互動、循環式的風險溝通，將能使得風險評估的範圍與資料更為完整，並能擬定適度之預防性管制策略，而提高利害關係人（包括產業、NGO與民眾）對風險管制的接受度。

此種三贏的風險治理正是臺灣一直以來所嚴重欠缺的。相對的，我們看到欠缺全盤的風險溝通與該做而未做的風險評估基礎，使得各界持續陷入混亂的交相指責；發電業者叫冤，或輿論批評社會理盲而濫情，**都是長期以來臺灣缺乏清晰的風險治理典範與方法架構，而停留在舊式的褐色經濟典範下的混戰。**

事實上，這些長期以來國家與社會陷入漩渦而無法自拔的情景，不僅僅牽涉到政府長期的能源補貼與經濟發展模式，同時在決策模式上，由上而下的專家政治也受到公民社會的挑戰，而轉向能源民主的呼聲越來越強。

參、能源民主

當全球正積極的展開氣候變遷下能源減碳、產業與空污治理變革的螺旋運動，而朝向綠色、低碳社會體系的轉換，雖然臺灣已經感受到國際的制裁壓力（垂直壓力）與社會內部環境與永續經濟呼聲（水平壓力），然而，老舊發展典範、思維與決策模式造成瓶頸式的政府治理、產業與社會之總體氣候與能源轉型怠惰及遲滯，在這個關鍵時刻已經形成臺灣的重大危機。

舉例而言，我國甫於2015年5月通過的《溫室氣體減量及管理法》以及同年7月向聯合國遞交的「國家自願減碳方案」（INDC），

雖都正面的宣示臺灣減排基準，值得肯定；然而這兩個重大政策形成過程欠缺透明的風險評估與風險溝通，甚至政府宣示將從2016年執行第一期的減排方案，也未見與社會各界的討論與對話，似乎又走回傳統由上而下的風險決策模式，不利於凝聚共識。

事實上，臺灣在能源轉型的現實中，如何形構從高碳經濟轉型至低碳經濟，需要國家建構全盤式的政府治理創新——政府內部建立跨各部會靈活協調的整合機制，以及涵蓋與社會各領域的對話（包括經濟、環境、健康、倫理、社會等），以建立政府與社會之間相互的信任（mutual trust）。

未能揚棄欠缺透明風險評估與溝通所導致長期的風險治理僵局（周桂田，2013），將延續政府與社會的對立。我們需要建構躍動的、創新的政府與社會夥伴關係，方能共同面對氣候災難、能源與低碳社會嚴厲的轉型挑戰。

一、轉型能耐變革

基本上，從發展型國家舊有治理思維的角度來看，在過去，臺灣做為新興工業國家有著治理上的特殊性，亦即，威權的管制科學政體透過由上而下、菁英技術官僚決策而迅速推動經濟與社會的發展。而這個治理模式，早先的確有其階段的正當性；然而，成也蕭何、敗也蕭何，當全球早已啟動科技民主程序而邁向新的社會經濟體系，緊抱發展型國家以經濟成長為優先而停留在褐色經濟思維，當為落後者。

事實上，即使以發展型國家為座標，在當代也面對了巨大環境、社會與經濟轉型的挑戰，而須進行制度性的翻轉（institutional turn）（Evans, 2005）。因之，發展型國家的轉型能耐（transformative capacity）變革，也需要從單面向的經濟驅動者（Weiss, 1998）轉

換至全盤面對嚴峻的氣候災難、科技風險的治理者；而後者，政府治理需要創新與轉型，形成與公民社會緊密的夥伴關係（周桂田，2013）。

從第三波民主化的角度來看，此舉所涵蓋的科技民主與能源民主，也正是許多新興國家在民主鞏固浪潮之後，邁向民主化的最後一哩路。然而，現實上由我國近幾年重大經濟、科學園區開發案，可以看到我國政府決策模式仍然未脫離發展主義邏輯引導下「重經濟、輕風險」、夾雜威權專家政治之決策與管制文化，構作技術官僚遲滯或隱匿風險資訊，並經常以不民主的方式強行推動具有爭議的開發案或重大風險政策。

臺灣能源轉型需要重新建構轉型能耐的變革。當一個國家**面臨重大爭議轉型**，該社會若能進行嚴格的監督，建構參與性的知識介入，以挑戰政府及產業的不當作為，這個社會即能發展出巨大的政治與社會轉量能。

事實上，我們看到，無論在氣候減碳、能源、產業與空污治理議題上，臺灣公民社會已經能夠建構系統性的風險知識，並倡議與國際同步的變革。**此年輕、巨量而活躍的能量不但突顯臺灣在東亞社會中民主的活力與優勢，更是契合國際上邁向低碳社會與經濟所重視的社會協議、團結與民主元素。**

尤其，政府若能把握臺灣在轉型過程中，社會脆弱風險感知而轉化的社會民主元素，當能逐步建構國家轉型的契機。不僅從威權的專家政治的路徑依賴，轉向公民參與的路徑依賴，進而推展臺灣未來深具民主深化、創新的低碳社會藍圖。

二、建構驅動社會轉型網絡

　　當世界各國面對全球化跨界的能源排碳、產業與空污治理變革的三螺旋運動，我們看到，臺灣仍然深陷在治理轉型、產業轉型、社會轉型遲滯與怠惰之中，而使得氣候與能源轉型面臨挑戰。從上述的分析中，本文指出要破解此長期、複雜與結構性的轉型障礙，需要重塑（re-configure）社會發展的價值、更動風險治理的典範思維，並系統性地建構政府與社會的夥伴關係，亦即，將風險溝通植基在對話、協議與合作的決策制度創新之中。而社會價值重塑、風險治理典範變革與決策溝通制度創新三者，並非一蹴可幾，需要巨大的社會量能才能夠驅動原本嚴重落後的氣候與能源轉型之臺灣社會。

　　在國際上，氣候變遷雖然逐漸成為各國民眾重要關注的議題，但由於牽涉各種社會價值、利益衝突、甚至決策管制，無論對於政府或 NGO 在推動相關政策或議題上都面臨挑戰。因此，如何將氣候風險與能源排碳議題持續的前台化（agendaing），變成社會關鍵性矚目而轉化為政治焦點，為重要的工程（Giddens, 2011）。在這個架構之下，建構全面性、多元利害關係者參與的行動網路，相當重要。

　　在臺灣的問題架構下，由於需要根本地重建各項轉型能耐，因此，發展創新、民主、多元的驅動社會轉型網絡，方能全盤的、逐步的、多面向的轉換社會價值、經濟發展思維與國家治理典範。亦即，要能夠撼動與改變褐色經濟模式下的政治與社會發展，需要多點、多面、多網絡的進行變革。因此，要迅速橋交與彌補過去與全球低碳社會發展脫勾，需要以更靈活、彈性、對話、創新的網絡溝通行動機制來倡議與推動，而此符合工業 4.0 多元動能精神。

　　這個關鍵在氣候與能源政策上更為重要，尤其其涉及新的經濟社會、價值認知、世代正義與產業發展模式。因此，建立多元的驅動社

會轉型網絡來創制新的社會永續論述、挑戰既有決策模式、形塑創新的社會價值與經濟思維，為臺灣當務之急。

從鉅變社會之轉型管理（transitional management）角度，我們看到，這個多元的行動網絡包含不同層級行動者，包括政府（中央與地方）、科學家、媒體記者、各個 NGOs ／ NPOs、學術研究中心（參見圖1-3）。透過這些動態多元的行動節點，一方面能夠透過對話與溝通的民主程序持續地設計長程的氣候與能源政策議程；另一方面能夠不斷的將議題擴大與前台化而發展社會永續的論述，深化國家能源轉型的動能。

這個行動網絡架構，對應臺灣目前高度活躍的公民社會，可以發展為相當清晰的多元網絡動員路徑（multi-mobilization roadmap），特別是近年來各領域公民團體日益系統性的就各種公共議題建構相當專業性的風險知識，如臺灣環保聯盟、綠色公民行動聯盟、地球公民基金會、富邦文教基金會、再生能源推動聯盟、主婦聯盟、綠色陣線、綠色和平組織等。臺灣在這個階段所發展出的社會強健性（social robustness）（周桂田，2013），有助於我國在嵌入國際、中央與地方的跨界氣候與能源轉型，翻轉過去單面向的政府菁英決策，而形成由下而上的動員。無論是價值典範、能源選擇、新經濟社會體系的動員與發散，都需要這股強大的社會能量。

總體而言，納入與翻轉臺灣活躍的社會民主網絡能量特質，擴大政治參與，並連動政府、產業與民間在朝向低碳與綠色的經濟、能源、與社會新典範發展，為我國躍向氣候變遷與能源轉型關鍵的新路徑。

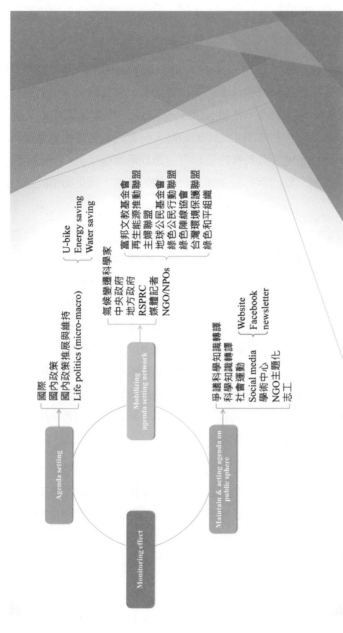

圖1-3　轉型社會之驅動氣候變遷與能源轉型網絡

資料來源：作者製表。

參考文獻

台灣電力公司，2014，《2014 台灣電力公司永續報告書》。台灣電力公司。

台灣電力公司，2015，103 年度火力發電溫室氣體排放量佔比圖，台灣電力公司，http://www.taipower.com.tw/content/new_info/new_info-e14.aspx?LinkID=15。

周桂田，2013，〈全球化風險挑戰下發展型國家之治理創新——以台灣公民知識監督決策為分析〉。《政治與社會評論》44: 65-148。

周桂田主編，2014，《永續轉型之痛——正視高耗能高排碳產業對臺灣的挑戰，永續之殤——從高雄氣爆解析環境正義與轉型怠惰》。臺北：五南。

范疇，2015，〈台灣三論：歷史論、宿命論、演化論〉。中國時報，2016年 1 月 5 日。

能源局，2015，《民國 103 年能源統計年報》。臺北：經濟部能源局。

劉兆漢，2012，〈如何推動台灣永續發展〉。第九次全國科學技術會議，臺北：國科會。

Bell, Daniel 著、高銛、王宏周、魏章玲譯，1995，《後工業社會的來臨（*The Coming of the Post Industrial Society*）》。臺北：桂冠。

Botta, E. & T. Koźluk, 2014, "Measuring Environmental Policy Stringency in OECD Countries: A Composite Index Approach." *OECD Economics Department Working Papers* 1177, OECD, Publishing, Paris. http://dx.doi.org/10.1787/5jxrjnc45gvg-en

Castells, Manuel 著、夏鑄九、王志宏、殷寶寧、溫蓓章、黃麗玲、魏慶嘉譯，1998，《網絡社會之崛起（*The Rise of the Network Society*）》。臺北：唐山。

Chou, Kuei Tien & Hwa Meei Liou, 2012, "Analysis on Energy Intensive Industries under Taiwan's Climate Change Policy." *Renewable and Sustainable Energy Reviews* 16 (5): 2631-2642.

Evans, Peter, 2005, "The Challenges of 'the Institutional Turn': New

Interdisciplinary Opportunities in Development Theory." Pp. 90-116 in *The economic sociology of capitalism*. Princeton, NJ..

Giddens Anthony 著，黃煜文、高忠義譯，2011，《氣候變遷政治學（*The Politics of Climate Change*）》。臺北：商周。

International Energy Agency (IEA), 2014, *CO₂ Emissions from fuel combustion*. Paris: International Energy Agency.

International Energy Agency (IEA), 2015, *Key World Energy STATISTICS*, https://www.iea.org/publications/freepublications/publication/KeyWorld_Statistics_2015.pdf.

Liou, Hwa Meei, 2015, "Carbon Emissions Reduction in Taiwan's Electric Power Industry." *Journal of Advances on Clean Energy* 2.

Toffler, Alvin 著，黃明堅譯，1984，《第三波（*The Third Wave*）》。臺北：聯經。

WHO, 2012, "Electromagnetic fields and public health: mobile phones." Available at: http://www.who.int/mediacentre/factsheets/fs193/en/index.html (Accessed April 1, 2012).

WBGU, 2011, *World in Transition: A Social Contract for Sustainability*, http://www.wbgu.de/fileadmin/templates/dateien/veroeffentlichungen/hauptgutachten/jg2011/wbgu_jg2011_en.pdf.

Weiss, Linda, 1998, *The Myth of the Powerless State: Governing the Economy in the Global Era*. Cambridge: Polity Press.

能源民主的實踐：能源轉型的關鍵課題

林子倫

國立臺灣大學政治學系副教授暨

臺大社會科學院風險社會與政策研究中心研究員

壹、《巴黎氣候協定》揭櫫轉型趨勢

歷史性的《巴黎氣候協定》（*Paris Agreement*），在美、中、法聯手力推之下，終於在 2015 年底通過。《巴黎氣候協定》將取代 1997 年的《京都議定書》，成為因應全球氣候變遷的法律文件。這場「後京都」氣候談判，始自 2007 年的峇里島路線圖，歷經 2009 年哥本哈根會議的失敗，2011 年從南非德班會議重啟談判，終於在 2015 年於巴黎舉行的第二十一屆聯合國氣候變化綱要公約締約國會議（COP21）中，在超過一百五十多國元首出席力挺之下，完成聯合國秘書長潘基文所稱「最艱難、複雜的談判」。《巴黎氣候協定》是典型的國際氣候政治妥協的產物，它宣示了氣候變遷議題已不再僅是一項科學的警告，更已成為規範全球環境體制的政治現實。

　　《巴黎氣候協定》的重要意義之一，乃因此協定是首份同時要求工業化國家以及發展中國家減少溫室氣體排放的全球協議，其內容包括：明訂在本世紀末前，控制全球升溫必須不超過工業革命前的攝氏2度，同時努力追求控制在攝氏1.5度的理想高標；此外，為使各國加緊減碳步伐，各國每五年也將被要求進行檢視並提出新的減碳承諾；氣候資金方面，在2025年前，富裕國家每年將會提供發展中國家至少1,000億美元，協助降低溫室氣體排放和強化各國氣候調適作為。

　　值得強調的是，《巴黎氣候協定》傳達的另一項關鍵訊息，為了達成溫室氣體的減量目標，當前高碳排放的能源結構必須進行根本性的重組，「能源轉型」（energy transition）成為巴黎氣候會議最重要的關鍵詞，也成為面對全球氣候治理的關鍵議題。能源轉型的倡議，目標在改變以核能、煤、頁岩氣等化石燃料為主的能源生產與供應模式，透過增加再生能源的比重、強化節約能源、提升能源效率、以及調整產業結構等策略，以降低對化石燃料的依賴，力圖以再生能源取而代之。然而，能源轉型涉及能源生產、輸送、分配體系的重新配置組合，不應單純化約為技術問題，而應扣連在地社會形態、生態環境的架構中，思考能源生產與政策方向。面對化石燃料與核能在能源政策上的爭議，唯有透過「能源民主」（energy democracy）做為實踐途徑，經由能源轉型，帶動經濟及社會的轉型，在堅持能源正義的基礎上，達成潔淨能源的供應與能源民主化的目標。

貳、能源民主的意涵

　　「能源民主」的概念，最早源自於「氣候正義運動」的思考脈絡，以及民主政治強調受決策影響的公眾，應有共同參與決策權的基本思考做為基礎（Kunze & Becker, 2014）。「能源民主」被定義為：

「確保所有人對於能源的可近性；能源生產不能污染環境或是傷害人類；更具體來說，就是不再繼續使用化石燃料；生產方式必須要社會化與民主化，人類必須反省能源消費的態度」（Lausitz Climate Camp, 2012）。相關論述強調，能源轉型過程應以民主做為實踐方法，從啟動轉型階段即應納入各方關切與利益的保障，試圖達成共善（common good）的境界。

Kunze 以及 Becker（2014）從民主化、所有權、創造剩餘價值（surplus value production）以及生態等面向，拆解能源民主的概念內涵。首先，能源轉型的過程強調公眾更廣泛的參與權利，這種帶有直接民主色彩的行動倡議，除了著重政治參與機會與程序，也同時強調經濟領域的民主實踐。不同於傳統化石燃料的能源體系，常以由上而下的獨裁治理為主導模式，再生能源科技的分權特性，亦需能源民主的實踐動力來支持運作。包括再生能源場址選定、電價級別議定，尚需消費者、在地居民的參與，以及在地鄉里之同意，公眾或合作社成員也能共享決策權，確保各利害關係人的利益和關切被納入考量。例如，面對能源貧窮（energy poverty）的問題，民主模式較容易關照到貧富負擔之問題，在定價策略上以確保民眾基本能源需求為前提，採取量能負擔的電價級距。

其次，在所有權的面向上，能源民主強調從生產到消費端，改變過去個人式、「去政治」以及私有化的形式，代之以合作協力、政治性與公共性的形式加以管控。不過，這樣的構想並非企圖走向國家主義之途徑；過去許多公共電力事業的發展亦存在電力供應私有化、能源發展與分配與在地民眾的意志相衝突、或是能源生產方式不必然對於生態環境友善等問題。晚近在西歐地區已發展出許多創新模式，試圖以新形態的所有權與經營形式克服前述的缺失，當中多以能源合作社與公營事業體（城市電力公司）、半公有的組織樣貌出現。

　　第三，能源民主與推動再生能源的親近性，亦帶動價值創造與促進就業等正面效應。相關論點指出，相對於化石燃料的能源生產，將資金投注於燃料進口，再生能源原料（太陽能、風力）的免費成本，將可降低資本外流，其剩餘可反饋在地公共設施或其他產業之投資，提供當地永續發展等正面效果；同時，再生能源的擴張，也直接與間接帶動相關就業機會，對於環境生態亦少有負面效應。

　　最後，秉持對於傳統經濟發展觀的質疑與反省，能源民主批判資本主義強調盈利極大化的目標下，營造出大量生產，鼓勵大量消費的成長模式，導致長期以來環境生態與社會生活的負面效應不斷攀升。能源民主呼應「後成長社會」（post growth society）的概念，主張檢視成長的步伐，以生態、民眾福祉做為優先考量，崇尚減少污染消費、自給自足的精神。對於環境永續的關懷，引導能源轉型的實踐，積極推動再生能源取代高污染性的化石燃料，甚至進一步以盈餘來支持生態多樣性與有機農業發展，或是思考能源生產過程與在地生態保護的共存共生；同時，透過公眾參與的方式，自行組織、管理其能源需求，容易導向生產自足的電力生產型態，改變傳統上以鼓勵能源使用無限成長的模式。透過能源民主的擴散與實踐，回應化石燃料與核能使用的挑戰，深化能源轉型的目標。

　　具體而言，能源民主的實踐，慣常強調分權化的模式、免於企業財團利益糾葛；產權經營上，將電網的使用權與控制權交由地方政府（城市），以公用事業體的形式擁有產權；第三，建置平台，協調各方利益衝突；同時積極正視工會參與的角色。能源民主的目的，在於確保公眾享受充足能源的管道，解決「能源貧窮」（energy poverty）等分配問題，並且重視能源生產對於環境生態與人類帶來可能的傷害，強調更具社會性與民主化的能源生產模式，改變公眾對於能源消費的態度。因此，能源民主的實踐，展現在對化石燃料的排拒，積極發展

再生能源的趨勢。在富含對人類社會與環境生態的關照下，將促使能源轉型更有益於全球環境正義的實踐。

參、歐洲國家的能源轉型：從中央到地方

歐洲從 1980 年代啟動新一波的能源轉型，企圖將能源系統從過去的集中式轉型成分散式（decentralization）。分散式的能源體系是透過分散而互相連結的小型發電裝置取代過去集中式電廠的大量生產模式，避免導致過度的能源消費；此外，為了避免財團把持大型電廠，甚至忽略再生能源的重要性，歐洲國家也提出不同的誘因機制，讓廣大的公民社會得以參與能源轉型的過程。這樣富含「能源民主」概念的政策設計，使得能源政策不再遵循政府由上而下的計畫途徑，而是透過民間企業和公民的參與，為政府的規劃提供動能，使轉型推動更加順利。

一、德國的能源轉型

論及能源轉型的起源，最早於 1980 年代就由德國的研究機構 Öko-Institut 提出「完全從核能及石化燃料中脫離」的情境預測。時至今日，能源轉型不單著重於發電方式的改變，同時試圖帶動管理制度、參與機制、用電觀念、乃至於經濟關係、社會型態的全面轉型。

德國的能源轉型歷程並非一步到位，而是面對世界局勢下不斷調整更新的一系列政策。早在 1976 年，為了因應石油危機，當時的西德即已推出《建築物節約能源法》調整建築物能源需求和供熱系統的相關規定；反核風潮的背景下，1980 年出版的《能量轉換》研究報告，

首度提出減少使用石油和鈾的發展模式、主張能源消耗的過程中持續維持經濟成長的可行性；同年德國聯邦議會調查委員會也做出「推動節能減碳與再生能源」的建議；1986 年蘇聯的車諾比核電事故則使得德國在短短數週內成立了聯邦環境、自然保護與核安部（the Federal Ministry of the Environment, Nature Conservation, and Nuclear Safety），但此時德國對於再生能源的發展仍未有明確目標，進程緩慢。

德國直至 1987 年啟用第一個太陽能發電系統；由於後續幾個城市嘗試建置太陽能發電的成功經驗，促使聯邦在 1991 年開始施行差別收購定價規定，企圖保障潔淨能源的發電方式；1996 年國有銀行推出減碳計畫以協助住宅的翻新，並特別鼓勵前東德境內的住宅加入計畫；1998 年德國開放電力市場將電力公司和電網營運商分開、並允許電力供應商可以自由販售綠電；1999 年德國推出十萬太陽能屋頂計畫，並對汽油等開徵生態稅，帶動節能車熱銷與汽油用量下降。

2000 年德國通過《再生能源法》，確保對再生能源優惠電價收購且優先進入電網，並從電價中收取再生能源附加費，做為再生能源發展基金。相關政策一改過去由少數大型電力公司壟斷發電的局面，創造地方能源公司的生機和潛能。2007 年，德國推出整合能源與氣候計畫，強調能源效率的思考與推動再生能源；2010 年提出的能源概念（Energy Concept），更具體指出溫室氣體減量，發展再生能源，以及提升能源效率等目標內涵。

德國的能源結構預計在 2050 年將再生能源的比重達到將近 100%，地方行動將提供德國能源轉型關鍵的動能。至 2013 年為止，超過一半的再生能源投資來自以社區及家戶為主的小型投資，而由一般民眾組成的「能源合作社」，則從 2001 年時的六十六家，成長到 2012 年的七百家。能源轉型政策在德國獲得將近七成的民意支持度，其動能亦來自轉型過程中的高度公民參與。

二、英國的能源轉型

　　廣義而言，英國的能源轉型經驗比德國來得更早。工業革命以來，英國大量開採和消費煤炭，煤炭可說是英國工業革命的重要推手之一。然而，大量使用化石燃料導致1952年的倫敦發生嚴重的空氣污染事件，刺激了1956年《清潔空氣法案》的誕生。隨著1960年代在北海發現天然氣與石油的進展，英國逐步減少使用煤炭，開始以天然氣替代。

　　近十多年來，英國為了因應氣候變遷，進行一系列的能源與經濟轉型。2008年通過的《氣候變化法案》，乃全世界第一部將溫室氣體減排目標納入的法律。2009年的《低碳轉型計畫》（*Low Carbon Transition Plan*）強調邁向永續低碳社會的願景，進一步提出轉型至低碳能源具體的目標與做法。根據計畫目標，在2020年時碳排放量將比1990年減少34%；再生能源比重將調升至30%。由於主要政黨對於推動能源轉型的大方向上都有共識，因此能源轉型相關立法皆能順利逐步推動；2008年的內閣也改組成立「能源與氣候變化部」職司相關計畫執行。

　　除了政府組織改造以及氣候戰略調整，地方政府、社區、民間團體以及企業的協力皆不可或缺。如推動電力市場改革以提高投資低碳的誘因、或在低碳能源政策上與地方的協力合作。英國在教育推廣與立法中保障公眾參與管道都相當積極，試圖藉由推動民眾的認識，提升與政府合作的意願與動能。例如大幅鼓勵一般家戶參與，預計將有七百萬個家庭將擁有省電隔熱裝置，建築達到零排碳、一百五十萬戶能夠自行製造清潔能源以減少天然氣進口。英國並將在未來十年左右創造出一百二十萬個相關工作機會，證明能源轉型將是促成經濟發展的新動能。

三、法國的能源轉型

　　法國在能源轉型的推動上較英、德稍遲，但是做為2015年聯合國巴黎氣候大會的東道主，近年也以身作則積極推動。法國「生態永續發展與能源部」提交的《邁向綠色成長的能源轉型法案》於2014年10月獲得眾議院多數支持，並趕在巴黎大會開始之前（2015年7月）獲得了參議院的正式通過。

　　法國的能源轉型法案是一套涵蓋廣泛的政策架構，八章節分別說明具體的能源轉型目標、提高建築能源效率、發展清潔運輸、促進再生能源的發展、加強核能安全與減少核能佔比、推動資源循環回收系統創造經濟，並力求簡化相應行政程序；同時，特別強調公民、企業、地方政府與國家必須共同採取行動。

　　法國是目前世界上最依賴核電的國家，有四分之三的電力來自核能，該法案的目標是在未來十年內將比例降為二分之一；同時十五年內也將調整對石化燃料的依賴度，以2012年為基準的石化燃料消費量將減少30%，減核與減碳並進可說是法國能源轉型的亮點。到2050年的長期目標是希望將能源消費總量減少為2012年的一半。法國政府將以三期的五年計畫推動「低碳發展戰略」，設定具體排放限額，以及「多年期能源計畫」整合能源部門現行計畫，達到節約能源、提高能源效率等目標。

　　具體措施包括在建築方面以稅費減免、主動興建附設再生能源的「正能源建築」，並以貸款為誘因，鼓勵私人建築提高能源效率，每年將提供五十萬件的建築節能改善案；在交通方面則將開辦電動車購買補助和廣設電動車充電站來促進潔淨運輸和減少能源消費量。減核減碳之餘不足的能源主要將以發展再生能源擔綱；至2030年，預計再

生能源佔最終能源消費將拉至32%。法國將積極邁向更高比例使用再生能源的社會，並且希望藉此創造出十萬個工作機會。

值得注意的是，在法國能源轉型計畫中也強調了公民參與的重要性，包括徵求兩百個社區正能源（positive energy）專案，提供優惠貸款及稅費減免等，力求國家、地方、企業、公民都能夠參與進能源轉型的計畫，共同推動並實現目標。

具體而言，德、英、法三個國家層級的能源轉型相關政策都觸及許多面向。從開源面的推動再生能源發展、節流面的節省能源、提高效率以及交通運輸、建築的減碳甚至零碳等，同時帶動相關組織部門整合，法規、管理機制面的建立，和行政程序的簡化。綜觀歐洲主要國家的能源轉型經驗，無論是先行者德國、跟進的英國以及善盡表率的法國，三者的共通點，即是強調由下而上的能源轉型動能。德國的能源轉型能遠遠超出非核低碳的目標，主要原因在於其對於能源結構、權力關係上進行根本的轉變；能源轉型過程中，扶持並鼓勵小型能源機構，包括能源合作社、地方型公有的能源公司等，呼應能源民主化的轉型方向。換言之，能源轉型不只是使用能源種類的調整，更牽涉到產業結構、法規制度、生活模式的轉型，乃至於典範價值觀的轉變。

肆、能源民主之社會創新模式

能源轉型在因應氣候危機的全球脈絡下逐步開展，雖然各國發展背景與運作實踐不盡相同，卻共同呈現在地居民多元的參與模式、公民積極爭取能源自主權、共同協力的社會創新，呼應能源民主的發展方向。

一、能源合作社模式：德國「雲德（Jühnde）生質能源村」

　　德國是近年來發展能源轉型頗具成果的國家。自1990年起，再生能源即獲政府大力支持。2001年，德國政府即開始生質能源村的規劃，主要由Gottinggen與Kassel兩所大學組成的研究團隊參與執行，並應用歐盟「創造社會接受度」計畫下所發展出的ESTEEM工具模型，將生質能源村的構想與建置，移植到社區當中。計畫初期，研究團隊透過問卷和訪談，瞭解在地不同利害關係人，包括居民、村長、在地組織、能源業者對於此計畫與社區未來發展的願景。之後，透過參與式的決策，來協調各利害關係人的期待，匯整出雲德村居民同意改變的方向與原則。在達成願景的初步共識後，計畫團隊統整居民的改變期待、投資意願，以及對生質能源村的未來想像，於2002年向政府申請成立「雲德生質能源村合作社」。合作社社員中有70%為在地居民，財務來源包括政府補助與當地居民的投資，並從2004年開始運作。

　　檢視「雲德模式」的成功關鍵，除了政府政策工具的支持，居民間建立起完善且持續的溝通網絡，促進資訊傳遞與交流；合作社開放式的經營，使得村民享有公平參與能源系統運作機會。「雲德模式」最終改變了當地的生活型態與能源系統的運作模式，除了帶動鄰近村落的跟進，也降低了德國在再生能源推廣過程中的阻礙。

二、綠能公益模式：臺灣的「綠點能創」

　　近年來，以改善能源貧窮（energy poverty）問題為出發的「能源福利」（energy welfare）觀點逐漸受到重視。例如，2012年韓國首爾的「減少一座核電廠」計畫（One Less Nuclear Power Plant, OLNPP），

便強調市民使用能源的基本權利，並將改善能源弱勢處境做為政策目標之一。在此計畫中，首爾市府透過市民共同參與的「能源福利基金」，整合安裝太陽光電系統、汰換 LED 燈具、建築節能改造，以及生態里程獎勵等部分收益，用以提供弱勢社群能源補貼。

基於保障能源弱勢的關懷，2015 年在臺灣成立的「綠點能創公司」則從社會企業模式出發，提出創新的能源公益做法，希望結合企業與一般民眾捐助資源，為弱勢團體（例如：安養中心、育幼院及社福機構等）募資建置太陽光電系統，並透過再生能源電力收購制度，使其獲得放大且長達二十年的穩定幫助。同時，在系統建置與後續維運過程中，綠點能創也將提升在地就業機會、導入能源及環境教育等做法，衍生更多綠能賦權（Green Empowerment）價值。

更重要的是，綠能公益模式可以產生四方獲益之效果。首先，捐助企業／個人除了節稅外，其愛心資源也將透過太陽光電售電機制被放大至 1.6 至 1.8 倍；其次，受捐助單位則可獲得被放大且持續二十年（再生能源躉購契約）的穩定幫助；另外，在環境方面，建置再生能源系統有助於擴大綠能減碳效益、減緩溫室氣體排放；最後，綠能產業本身亦能伴隨應用市場穩健成長。總結而言，綠點能創的能源公益平台不僅提供太陽光電發展的另種實踐管道，更可強化民間與企業部門的協力合作、開創綠能共享經濟模式，可謂富有創意的商業模式與兼顧能源福利的做法。

伍、結語：能源民主的實踐

能源轉型的意義，並非著重在化石燃料轉換到再生能源這種發電方式的改變，更強調將能源系統的所有權（ownership）從企業私部

門轉向集體、公共或民主的控制。再生能源資源與生產方式分散於社區，提供了能源民主化和資源分散發展的基礎。

　　集中式與分散式的再生能源系統在政治經濟的意涵與民主控制上有很大的不同。集中式的再生能源模型主要對應「去碳化發展」（decarbonization）的策略，目標著重於再生能源取代化石燃料，同時調整現有的資本主義經濟體系；分散式的再生能源則對應著「氣候正義」的策略，不但主張使用無碳的能源，建立耗能更少的永續經濟體，同時主張更公平地分配財富與權力以符合人民的需求，更加貼近民主的本質。分散式再生能源模型提供了現行集中式能源的替代方案──一個對生態更友善，對社區經濟更有利，更有效創造本地就業，堅持能源正義，更永續，以及更開放的民主化體系。

　　美國學者 Sean Sweeney（2013）指出，世界能源系統必須進行改造使其符合公共利益，而非著重於極大化銷售利潤。他認為，能源民主才能創造符合當代需求且公平正義的能源，意即勞工、社區，以及大眾的意見必須被納入決策過程。為了達成能源民主，Sweeney 認為必須實踐三項具體的策略，包括：

一、翻轉（resist）主流的能源議程

　　跨國性的石油公司當前仍握有極大的政治影響力，足以影響政經議程的設定。因此實踐能源民主不可或缺的策略之一，就是抗拒化石燃料獨霸以驅動經濟的局面，遏止跨國能源公司壟斷目前能源與氣候議程設定的權力，反對傷害勞工、社區、環境的政策。當然，公眾也並非無條件地接受再生能源公司所提的議程。

二、重拾（reclaim）能源系統的控制權使其符合公共利益

能源系統必須摒除私有化秉持利潤極大化的邏輯，轉而服務公共利益。因為私有化通常意味著惡化的工作環境、品質低落、寡占市場。為達成該目標，採取的方法應將過去能源控制的公權力收歸公有能源部門（如地方型電力公司），或採取雖為私營但以公益為目的之能源社會企業或合作社的模式。

三、重構（restructure）能源體系

相較於現今集中式能源系統，分散式更有助於地方管理，協助貧窮的偏遠地區建立離網或小型電網。儘管再生能源技術足以應用在許多國家，但唯有能源系統進行縝密的計畫與協調，能源轉型的動能才有可能發生。

綜合而言，能源必須被視為一種公共財和基本權利（basic right）。《巴黎氣候協定》的簽署，反映了在氣候危機與能源安全挑戰下，全球正進行一場以低碳發展為核心的革命。能源轉型不能化約為討論再生能源的配比，它應是全方位針對能源生產、消費、分配模式與能源價值觀的總檢討。如何建構一個綠色能源轉換所需的政治架構，創造對分散式能源結構有利的法制規範、金融誘因以及基礎建設，將是實踐一個分散式、民主式的能源體系的關鍵挑戰。

參考文獻

林子倫，2014，〈公民參與再生能源發展：社區風電的運作模式初探〉。收錄於范玫芳等主編，《公民能不能？能源科技、政策與民主》。新竹：交通大學出版社。

林子倫、蕭伶玲，2010，〈雲德模式：德國生質能源村推動經驗〉。《能源報導》，7 月：5-8。

林祥輝，2015，〈法國邁向綠色成長的能源轉型〉。能源知識庫，http://www.taesco.org.tw/new/%E6%B3%95%E5%9C%8B%E9%82%81%E5%90%91%E7%B6%A0%E8%89%B2%E6%88%90%E9%95%B7%E7%9A%84%E8%83%BD%E6%BA%90%E8%BD%89%E5%9E%8B.pdf。

劉書彬，2015，〈德國梅克爾政府（2005-2013）的能源轉型經濟〉。臺大風險社會與政策研究中心，http://rsprc.ntu.edu.tw/zh-TW/green-economy/194-germany-merkel-government。

Craig Morris & Martin Pehnt, 2015, *Energy Transition: The German Energiewende*. http://energytransition.de/wp-content/themes/boell/pdf/en/German-Energy-Transition_en.pdf.

EU Policy, 2014, "Transition énergétique: What Frances energy law learns from Germany and the UK." In *Carbon Brief*, http://www.carbonbrief.org/transition-energetique-what-frances-energy-law-learns-from-germany-and-the-uk.

"FRANCE'S LONG TERM ENERGY STRATEGY." http://www.minam.gob.pe/semanaclimatica/wp-content/uploads/sites/104/2015/09/4.1Pol%C3%ADticas-P%C3%BAblicas.-Experiencia-Francia.-Sr.-Olivier-de-Guibert.pdf.

HM Government, 2009, "The UK Low Carbon Transition Plan." https://www.gov.uk/government/uploads/system/uploads/attachment_data/file/228752/9780108508394.pdf.

低碳能源轉型的正義課題

范玫芳

國立陽明大學科技與社會研究所教授暨
臺大社會科學院風險社會與政策研究中心研究員

壹、前言

為了確保未來享有更安全、可靠的低碳能源，吾人必須同時致力於改變能源技術和人類行為以及制度創新。美國能源署指出，能源的供給與需求受到個人選擇、偏好和行為所影響的程度，就如同受到技術成效之影響。然而，許多研究者和決策者卻往往只從單一面向思考能源困境，忽略人的面向以及失當的決策與行為；執著於技術的更新而非改變生活型態或社會規範（Sovacool, 2014: 529）。

正義不僅是純粹哲學上的討論，能源正義也直接地衝擊到社群生計和能源公司營收。研究指出經濟、技術面的能源分析家經常在瑕疵典範下問錯誤的問題。例如：問能源現有存量，而不問需求或能源基礎設施的公平分佈；致力於評估能源價格模型和技術學習曲線，而非現存基礎設施「如何嘉惠」或「排除特定人群」的問題。能源問題並

非純然經濟、技術和科學的問題，更甚者「正義和倫理」必須放在「技術和經濟」之前。除了能源研究中常見的二分法分析，例如：「供給 vs. 需求」、「技術 vs. 行為」、「科學的 vs. 社會科學的」方法和規範，針對能源問題的複雜性，有必要採取多元中心（polycentric）觀點，同時討論由上而下的（top-down）國家立法和政策機制，以及由下而上的（bottom-up）家戶能源方案和以社群為基礎的氣候變遷適應方案（Sovacool, 2013）。

能源正義牽涉三個道德性提問：（一）當某些人可以從能源獲取極大利益，成本卻讓其他人分擔，對當前的世代公平嗎？（二）當我們留下核廢料、石化燃料匱乏、空氣污染與氣候變遷做為遺產，對未來的世代公平嗎？（三）在面對「能源如何決策」的問題時，正義和道德可以有什麼貢獻？（Sovacool, 2013）。Hall、Hards 與 Bulkeley（2013）主張採取全系統途徑（whole-system approach）將能源正義做為構成日常生活實作的一環，包含對特定時空、經驗、社會技術網絡、物質技術使用的形構，並從傳統關注製造面和資源短缺面，轉向探討特定的消耗行為（specific acts of consumption）、個人、公共參與以及公民實踐者（citizen-practitioners）的角色等。換言之，更多需要關注在社會經驗如何形塑自然和能源正義的意涵，以及考量「什麼知識？」和「誰的知識？」應該納入在能源政策以及如何可能達成，並強調一種「做倫理」（"Doing" ethics）或「實作中的倫理」（ethics in practice），而非抽象的倫理學概念。

目前能源正義主題的研究在國家層次上才剛起步，在國際層次上也正致力於此一新的研究領域（Heffron & McCauley, 2014: 437）。能源正義概念提供嶄新和全觀的視角，檢視能源技術系統與社會相互形塑的關係。國內對於能源正義的研究並不多見，2011 年福島核災後，能源正義一詞廣泛地被使用在能源議題的媒體報導、反核行

動訴求和評論文章中，各方行動者各自賦予不同的意涵和詮釋。多數的論述侷限在反核與再生能源之爭，或將環境與世代正義和反核運動連結，[1] 也有一些評論報導文章在探討能源政策和產業轉型時提出能源正義的主張。[2] 本文旨在初探能源正義的概念、國外能源政策發展牽涉到的爭議和能源正義論述，以及我國當前能源正義所面臨的正義課題，以期未來有更多在地論述的發展，並與國際學界和實務界在能源正義議題上對話。本文首先介紹能源正義的概念意涵，接著進一步從能源正義的分配面以及肯認和程序參與面討論國外能源政策發展經驗，最後針對我國能源政策所牽涉的正義問題提出可能的變革方向。

貳、能源正義理論

　　能源是當今具高度政治性的議題，受到金融危機、貧窮和分配不公平的影響，能源與社會正義的問題產生連結，特別是在經濟與負擔能力的部分。由於歐美國家對於冬季能源的大量需求，目前國際上對於能源正義的討論，多聚焦於「燃料貧困」（fuel poverty）的問題。在過去三十年間燃料貧困的問題在英國與歐洲各國，已經發展成為一種公認的不平等形式，包括獲取能源能力的不足，從而影響健康的居住環境。該議題不僅是社會正義的問題，也是環境正義的問題，

1　例如：公民行動影音紀錄資料庫（公庫），2011，〈核能非唯一選擇　青年要能源世代正義〉。公民行動影音紀錄資料庫，http://www.civilmedia.tw/archives/5719；張心華，2011，〈大學生反核　奪回能源正義〉。苦勞網，http://www.coolloud.org.tw/node/59965。

2　例如林燕如、陳忠峰、葉鎮中，2015，〈【我們的島】拿回我的一度電〉。公共新聞議題中心，http://pnn.pts.org.tw/main/2015/07/21/%E3%80%90%E6%88%9 1%E5%80%91%E7%9A%84%E5%B3%B6%E3%80%91%E6%8F%E5%9B%9E%E6%88%91%E7%9A%84%E4%B8%80%E5%BA%A6%E9%9B%BB/。

並與環境資源以及環境和氣候政策相連結。從本質上來看,「燃料貧困」是一個複雜的分配不公問題,雖然分配正義或「誰獲得什麼?」始終是正義追求的核心,但更完整的正義概念應該包含程序和差異肯認(recognition)的層面。其中程序和肯認可以各自視為一個獨立的組件以及正義的條件,兩者的形式與分配不正義的自身經歷可以分別視之。因此,解決燃料貧困的問題包括:在文化和政治肯認中尋求對弱勢和邊緣化社群的正義,以及透過開放參與和追求程序正義影響決策過程(Walker & Day, 2012)。

　　分配正義、程序正義和肯認正義三者為能源正義的三個核心概念,在能源供給鏈的特定階段具有重要地位。丹麥成功地推動風能的案例,展示能源正義的應用和推行可讓產業供給鏈成長,另一方面也增加能源安全性和促進國家經濟成長,突顯能源正義、能源供給和能源安全的連結關係(nexus)(Heffron & McCauley, 2014)。Hall 等學者(2013: 415)認為能源和公平、正義、脆弱性間複雜交會,主張公平、正義、脆弱性是三個在能源脈絡下的核心概念。「公平」是指「能接近可負擔起的、安全的和可靠的能源,以及新科技的風險和利益分配,有時空以及社群團體內和團體間的變異」;「正義」則是主張分配、程序、肯認的理念,關乎「什麼構成一個充分和健康的日常生活之基本權利」;「能源脆弱性」(energy vulnerability)係指「脆弱的家戶,其中包括有年長者、幼童以及長年疾病在身的身障者」。

　　Sovacool(2013: 12)指出能源正義的概念提供了「如何最小化?」和「即時消除能源威脅和不正義」框架,包含以下關鍵原則:

　　一、**可獲取量**(availability):人應獲得充足且高品質的能源。

　　二、**可承受力**(affordability):所有人,包含貧困人口,其獲得能源的成本不應超過收入的10%。

三、**適當的程序**（due process）：其認為國家在生產及使用能源時，應遵循法律和人權原則。

四、**資訊**：所有人都應該可以獲得關於能源、環境和公平的高品質數據，以及透明的能源決策問責形式。

五、**審慎**（prudence）：能源資源不應過快的消耗殆盡。

六、**世代間的公平**（intergenerational equity）以及**世代內的公平**（intragenerational equity）：每個人都應該有公平的獲得能源的權利，且未來的世代應享有享受美好生活的權利，不受目前世界對能源系統造成損害的威脅。

七、**責任**：所有國家都有責任保護自然環境，減少能源相關的環境威脅。

以上能源正義的概念，提供未來低碳能源轉型政策發展的重要方針，並可用以檢視能源政策方案的缺失。國外已有一些政府當局（例如：加拿大安大略省）正在研議制定節能責任法案（Energy Conservation Responsibility Act），促進能源責任概念的實踐。

參、能源生產和消費的分配正義

晚近學者對於分配正義的概念提出不同的看法。較具影響力的是 John Rawls（1971）所著的《正義論》與 Amartya Sen（2009）所提出的能力取徑（capacity approach）的正義觀。Rawls 主張所有社會基本善（primary good）（包含權利和自由、權力和機會、收入和財富）的分配應該在個人對任何影響其在社會競爭中的優勢與劣勢因素無所知，也就是在「無知之幕」（veil of ignorance）的情況下進行立場選

擇，據此原則分配會更為平等。分配不平等唯一可接受的情況是，分配結果有利於最弱勢的群體。Sen 則主張正義的核心並非基本善的分配，而是公平地具有能力去達成個人具價值性的運作功能（the capability to achieve valued functionings）。具價值性的運作功能包含了個人生活重要層面，例如足夠的營養、免於疾病、能參與在社群生活事務以及具有尊嚴。以上兩位學者的主張都能適用於燃料貧困問題得探討，但仍應注意多重分配不平等概念間的交互連結（Walker & Day, 2012: 70）。

燃料貧困問題的關注核心除了分配之外，還有能源服務的取得，以及室內環境的健康。室內環境的健康是指取得溫暖的權利（right of warmth）或是達成必要機能，如：免於疾病。確保溫暖的能力與下列三項資產的可用性分配相互連結。首先是金錢，主要是指收入與財富短缺，但其僅能做為一般性解釋，難以解釋發生的機率或建立一個模式。其次是燃料的單位價格，燃料價格和收入存在相互作用，在低收入負擔高燃料成本時會牽涉經濟上相對承受力的問題。第三為家用能源效率，當加熱和其他消耗能源的技術效率不足，將導致家庭的獲取成本增加。由於貧困家庭的居住品質差，且難有機會投資改善加熱技術，而加熱技術不足會增加貧困家庭的成本（Walker & Day, 2012: 70）。

以英國經驗而言，針對燃料貧困問題的三個連結，政府政策主要方向是減少收入不平等所帶來的影響，如：針對低收入、老人、身障者的冬季補貼。反對燃料價格及稅率上漲則是政府對抗能源供應商與市場趨勢的關鍵，主要論點強調低收入負擔高成本的不合理。能源效率問題將是未來英國政府關注的重點，主要政策方向為尋求解決能源效率低落的方法，以及提供更公平的住房環境。例如：針對改善技術的補貼、社會住房政策（Walker & Day, 2012: 71）。

一、英國風能的分配正義：在地社群利益

　　英國的風能計畫遭到在地反對和民間社會的異議，可將其視為對不正義的修正或改善，而非看成是對計畫有害或延宕（Heffron & McCauley, 2014: 436）。在地對再生能源發展的反對常被視為是「鄰避主義者」（NIMBYist）或是一種不願意去接受發展的抗爭，而這種詮釋忽略了代際與代內、再生能源發展與東道地（host location）之間的不正義面向。儘管各界對於能源發展可能造成的地方「傷害」（harm）有歧見，但不可否認的是風機對在地確實是有衝擊。雖然處於社會劣勢和風能開發間不一定有因果關係，但風場的影響確實是顯著和不均的。風場的發展造成對環境的掠奪，並要求社會劣勢的地區與其共存，不只是社會接受度的問題，也需要討論其中分配正義的意涵（Cowell et al., 2012: 5-7）。至於程序正義是指決策程序的公平性，關注「誰是相關的社群？」有意義的公共參與可增進民眾對決策結果之接受度，證據也顯示由地方社群參與持有的再生能源設施能夠吸引更多的支持。然而促進決策程序的公正性不必然能完全消除分配不正義（Cowell et al., 2012: 5-7）。

　　能源公司常透過提供「社區利益」基金（community benefits）以促進社會接受度（social acceptance）並展現其敦親睦鄰（good neighborliness）與社區的良好關係。然而這牽涉到「利益提供的高低程度」以及「社群利益如何使用」的問題。將潛在利益和衝擊連結起來甚為不易，這些價值可能是不可共量的。各造在「社區利益」談判時，權力的平衡是重要的議題，分配正義和程序正義乃是綁在一起。誰決定多少「社區利益」才算夠？除了要看到不同社群有不同的發言能力之外，還要看是如何被影響的，才能更廣泛理解損益的評估方式。通常「社區利益」基金被用以回應社區居民想要花費的地

方，也有開發商將其用在永續能源的措施上，也有部分用來支持對生態的衝擊的措施上，但後者經常被視為是和「社區利益」基金分開的（Cowell *et al.*, 2012: 11-14）。政府單位的介入能提升由開發商提供的「社區利益」。以蘇格蘭 Argyll and Bute 為例，地方議會介入開發商和農村社群之間的協商，進而透過「社區利益」達到更具策略性的目標，回應地方本身不利的處境。

肆、能源政策的肯認與程序正義

肯認的正義主要強調關係（relational）的重要性，主張社會不平等的根源，來自對於某些群體缺乏平等的尊重與相對應的權利。肯認途徑在心理上強調政治認同與社會進程；在物質上則主張不應忽略物質的重要性。肯認正義延伸至環境正義議題時，主張應重視某些群體的權利或特殊需求，認為理解差異與包容特殊需求的重要性大於分配。燃料貧困的問題從這個角度看，可以理解為不承認某些群體的需要，以及缺乏給予平等尊重與福利。基於燃料取得能力的差異，在不同社會群體產生的結果差異大，因此更為顯著。如：老人、弱勢群體對燃料的需求量更大，應有差別待遇。英國的政策雖對於老年人與殘疾人士有補助，但應用的範圍並不廣泛（Walker & Day, 2012: 71-72）。

肯認正義是彰顯政策程序對差異的尊重，主張個體必須被公平的代表、免於外在的威脅和獲得完全和平等的政治權利。以英國的燃料貧困問題為例，特定的社會群體缺乏所需的能源，像是暖氣。從過去認為居民對能源的知識不足、低能效的使用等，轉移成為政府需提供客觀資訊和增加住房、電力設備的使用效率，但對於這類

消費者的研究目前還相當少。晚近「組織性的缺乏肯認」（organized misrecognition）和不尊重的案例提升。使英國地方反風場運動常被歸類成出於自利的「鄰避（NIMBY）」心態，或將「文化理性」（cultural rationality）與本益分析及「技術理性（technical rationality）」對立起來。然而，這種推論模式和反對團體間的交鋒封閉了論述過程，不但拒絕肯認正義，也會深化公眾對新形式低碳能源的抵抗，且不利於長期的能源策略（Heffron & McCauley, 2014: 436）。

　　燃料貧困的程序正義可以理解為程序或司法上的參與。即便分配正義涉及物質的結果，但程序正義關注的是過程，包含那些不平等結果的產生或持續。程序正義認為流程與決策結果密切相關，但其缺陷為缺乏對文化的尊重。程序正義主要依循聯合國《奧爾胡斯公約》（*Aarhus Convention*）的三大支柱，分別是：獲取資訊、有意義的參與決策過程與法律程序（透過法律途徑補強或挑戰決策程序）。這三個程序正義元素在英國經驗中，主要的運用包含透過燃料貧困人數統計，瞭解問題的嚴重性，進而對市場能源價格進行監管。其次，能源政策過去被批評受到能源公司主導，偏向供應方的利益。在競選過程中引起政黨關注，並制定相關的法案。例如：國家節能行動（National Energy Action）及 2001 年工黨提出燃料貧困戰略（Fuel Poverty Strategy）（Walker & Day, 2012: 72-73）。燃料問題的不正義乃是多重因素的交互作用產生（詳見圖3-1）。在探討多維度的燃料貧困的不平等時，應注意到燃料貧困的範圍可以擴展至社會與環境正義，進而與全球連接（Walker & Day, 2012: 74）。

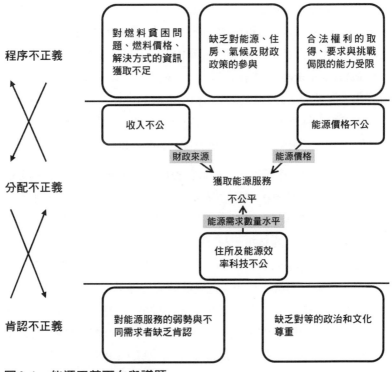

圖3-1　能源正義面向與議題

資料來源：（Walker & Day, 2012: 74）。

伍、能源系統轉型的正義議題

再生能源方案的推動與佈署中佔有決定性影響乃是「制度」變革。當再生能源被導入所謂的「智慧電網」（smart grids）能源供應系統時，這意味著能源生產系統面臨革命性的轉向，必須打破會妨礙創新的「制度性鎖定」（institutional "lock-in"），需要有改變重

大「社會中遊戲規則」的理解和意願。當智慧電網促進分散式發電（distributed generation, DG），公民與消費者和其他終端消費者同時也成為電力的共同生產者以及分散的儲存者，其中便需要很高度的自治（self-governance）和一般性立法的支持，需要從平等分配（distributive equity）和程序公正（fairness of process）層面來探討結合新型微電網、自治和分散式發電的議題（Wolsink, 2013: 116）。

智慧電網雖無明確的定義但無礙其發展，從技術上可以將其定義為兩個網絡：一是電力，一是由智慧電表設備監控、分析、管制資料生產的平行資訊網絡。傳統的電廠是大型集中式單位，而今日則是朝向小型、地理分散式、靠近消費者、對環境友善的發電方式，最易理解的定義是「自我監控、復原的整合式微電網網絡（network of integrated microgrids that monitors and heals itself）」，在同個微電網它可以處理不同來源的電流和針對地方需要調節電力，分散式發電完成後，還得再朝向「適應地方需求」和「分散式儲存能力」發展，（例：與充電車整合）。但此一社會選擇受許多行動者和消費者的行為所決定。再生能源的部署，關注於整合能源供應系統和智慧電網的導入。現今的能源供需形式受到諸多行動者的行為模式形塑，這些行為模式乃是長期以來根基於正式或非正式規則下的問題。體制尚未與新能源有更進一步的整合，因為既存體制原本就處在不同的過往條件和目標之上。現存制度呈現出歷史性根基於組織的既有思考模式（modes）的現象，被稱為「路徑依賴」（path dependency）（Wolsink, 2013: 119-122）。

再生能源的實質部署需要社會制度的變遷和市場的接受。創新與其說是導入新技術，不如說是導入社會技術系統（socio-technical system），需要新的「社會實作和思考模式（patterns of social practices and thinking）」。智慧電網的建構和再生能源的應用不光只是個人選擇

的問題，組織化的能源供應之轉型受到制度變遷所決定，在消費者抉擇中的主導途徑是「需求面管理（demand-side-management）」研究，在能源消費上，被稱為「社會變遷的 ABC 說明（attitude, behaviour, choice）」，但此途徑沒有考慮到歷史性的路徑依賴，也未揭開相關的社會實作和下層結構制度間的關聯性。在研究社會創新的接受度時，往往僅看到位於第一面向的「社會－政治接受度」（social-political acceptance）。「社會－政治接受度」需要去創造另外兩面向的接受度：「市場接受度」與「社群接受度」，然而卻時常變成另外兩者的主要障礙。當前的電力供應組織具有高度集中化的基礎建設和操作方式，這反而妨礙了「社會－政治接受度」，部門的現任決策者常有強烈的惰性並成為創新過程的阻礙，進一步的研究發現現任決策者甚至會在決策過程中清除其他選項。「市場接受度」與「社群接受度」牽涉能源單元之安裝和參與投資之意願。行動者經常得應付令人窒息的（suffocating）制度性框架，集體行動的交易成本為重要議題，問題在於再生能源執行的交易成本在國家層次上，被制度條件和政策所原則性地決定（見圖3-2）。

　　從正義的觀點來看，程序和法律制約現況條件可能創造出缺乏差異肯認的問題，在政策中應該要能去肯認消費者並建立再生能源的能力。對微電網而言，重要的問題是：在社群的中層次（meso level）上，制度框架該如何為積極正面的決策創造最佳的條件？消費者的地位及其本益分配不只是個人投資的問題而已，當某些消費者成為生產者時，涉及製造過程的其他消費者可能仍是消費者而已，這會如何影響他們的社會關係和公平性（Wolsink, 2013: 123-126）？

　　外來和入侵性的能源方案，由於與社會經濟和在地環境脈絡脫鉤，較無法獲得社會接受。再生能源的執行需要相關行動者的信任和堅實的履行（solid commitment），缺乏肯認和忽略如何建立及維持

這種信任，是大多數國家再生能源政策長期以來無成效的原因，而社群必須確信此系統能帶來益處，也要能為組織帶來利益，此意味著財產、所有權建制和信任與社會接受度是重要且相關的（Wolsink, 2013: 126）。

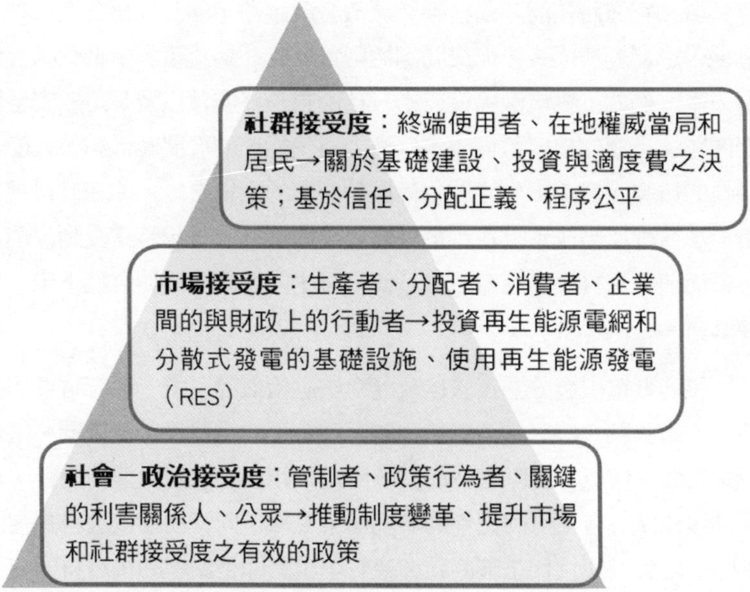

社群接受度：終端使用者、在地權威當局和居民→關於基礎建設、投資與適度費之決策；基於信任、分配正義、程序公平

市場接受度：生產者、分配者、消費者、企業間的與財政上的行動者→投資再生能源電網和分散式發電的基礎設施、使用再生能源發電（RES）

社會－政治接受度：管制者、政策行為者、關鍵的利害關係人、公眾→推動制度變革、提升市場和社群接受度之有效的政策

圖3-2　再生能源創新的社會接受度面向

資料來源：（Wolsink, 2013: 125）。

陸、我國能源政策之正義課題

一、利益分配和風險承擔問題

當前各界對於能源結構配比存在歧見，尤其對於核電廠的存廢仍無共識。官方將核能議題框架為經濟發展議題，強調廢核會造成缺電危機，影響經濟成長。但民間團體則質疑此一論述實際上低估核能發電成本，例如：核電廠除役成本、核廢料最終處置以及長遠的安全監督問題。巨額的核能預算成本排擠了再生能源的發展契機和替代能源科技的研發。目前再生能源政策推動面臨的困境之一，即在於目前電價無法合理反應成本。在台電獨佔市場的情況之下，時常受到政治力影響而無法確實反映電價價格，使得再生能源政策長期發展下來，每多掣肘。

核能發電引發分配正義以及社會核心價值等爭議。政府官員與擁核者不斷強調核能對經濟成長和能源安全上的重要性，及低碳、供電穩定與成本較低等優點。然而反核團體則指出核能對生態的危害、輻射外洩以及具有不可回復性的環境健康風險，同時面臨核廢料長遠處置的環境負擔與世代正義問題。最具爭議的即是蘭嶼的核廢料貯存問題。低放射性核廢料自從 1982 年起就暫時存放在蘭嶼，不僅引起居民健康風險與生態環境的疑慮，也對地方經濟與社會文化帶來極大的衝擊。將前述 Rawls（1971）提出的「無知之幕」與原初狀態的概念應用來思考核能，若個人無從得知自己所在的社會秩序階級位置，有可能成為核電廠的包工負責在歲修清潔反應爐時，暴露在高放射性物質的風險或與核廢料最終處置場與為鄰，這將驅使人們從社會最不幸的成員的角度來思考核能問題（范玟芳，2014a）。

　　再生能源設施的興建同樣必須處理分配正義面向，特別是造成對當地居民的不利影響和潛在風險。近年來，地方反對風力發電機設置的抗爭事件層出不窮，尤以苗栗苑裡「反瘋車」行動最受矚目，反映了綠能政策推動與社會認知與價值之間的鴻溝。風力發電業者強調再生能源計畫對地方上的效益；居民與反對行動聯盟則質疑風機與民宅距離過近、風機運轉的低頻噪音對健康和生活品質的危害。更進一步來說，低碳能源發展也需要考量可能牽涉到不均的社經發展。其中一個案例是福海公司計畫在彰化外海設置五十多部離岸風機，引起彰化區漁會和漁民的抗爭。漁會表示由於漁船都是以拖網方式作業，風機工程會對漁民作業造成影響，漁獲也會減少，他們要求公司撥補經費輔助漁民轉型，在協議達成前不應施工。[3] 再生能源的發展和計畫推動，不僅要重視社會接受度，同時必須規劃與協商地方社區利益共享方案，並降低對環境和資源的掠奪以及對當地的衝擊。

二、資訊揭露和政策參與問題

　　臺灣是否缺電是目前臺灣能源政策爭論的焦點之一。根據能源局評估報告，若核四封存且核一、二、三都除役，在理想狀態下，將於2018年會面臨缺電風險。但若遇到延宕、抗議等因素導致新的發電機組無法如期運轉，最快2017年就有超高缺電危機。[4] 此外，經濟部國營會官員也表示：若核電廠全部停機，供電缺口將無法彌補，等於要三分之一到四分之一的企業關門。綠色公民行動聯盟表示，臺灣

3　中央社，2015，〈抗議風力發電工程　80艘漁船集結〉。聯合新聞網，http://udn.com/news/story/2/1082303。

4　高詩琴，2015，〈核四明天封存　能源局：拚再生能源〉。聯合新聞網，http://udn.com/news/story/1/1026493。

在 2011 年的電力「備用容量率」[5] 為 24.3%，如果三座核電廠馬上停機，扣掉核電提供的淨尖峰電力，還有 10% 的備用容量率，毫無限電危機。臺北大學經濟系退休教授王塗發也指出，日本近二十年的備用容量率都在 10% 以下，備用容量率越高，表示未來還要開發更多電廠，造成極大的浪費，政府應檢討目前公告的 16% 比例是否合理？目前臺灣用電尖峰時間有 24% 的機組是停機「晾著備用」，離峰時間則更高達四到五成機組停擺不用。備用電量太多並不全然是對經濟與環境發展的正面影響，其可能阻擋台電推動再生能源的意願。

除了備用容量過高，政府預估的「用電成長率」也備受質疑。環保團體認為能源局依目前至 2020 年每年平均經濟成長率 4% 為基準，假設每年會有 3.3% 的用電成長率。但「經濟成長是否一定需要高度的能源消耗支援？」值得討論，目前國際上先進國家已經走向經濟與綠能同時發展的趨勢，包含使用潔淨能源、研發能源科技、強調節約能源、調整產業政策等手段，使經濟成長率和溫室氣體成長不再同步爬升。民間團體主張政府應提供社會充足的資訊並和民間團體直接對話，包含電源如何管理調度，當「基載」火力發電量不夠時，若調度天然氣或汽電共生，成本是多少？若用再生能源又會增加多少費用？若管控需求量，削減尖峰用電，成本又是多少？這些不同的情境，都應該一一算出電費增減，才可知道廢除核電的真正代價為何？[6]

當前能源政策制定以及政策環評制度設計依賴專家評估，未能涵蓋社會多元價值的對話與公民實質參與決策。決策過程的主要問題，

5　所謂「備用容量率」是指供電能量超出夏季尖峰用電量的比例，在用電尖峰期間一旦有機組出狀況，將有多少「備胎」遞補的數字。

6　李珊／文、林格立／圖，2011，〈讓地球喘息吧！——解開電力轉型的六大迷思〉。中時電子報，http://magazine.chinatimes.com/taiwanpanorama/20110531003036-300104。

包括由上而下的結構性困境、資訊和專業不對稱與缺乏互信、參與形式設計與溝通品質不良，以及公民參與決策連結的不足（范玫芳，2013）。國內再生能源的設置與推動，缺乏完善的整體國土利用規劃以及參與式的影響評估和健全的法制。以風力發電機設施為例：苗栗苑裡地方居民和反風機行動聯盟，基於程序正義質疑設置計畫的正當性、環評瑕疵和現行管制規範的不足、管制法規的制定過程未能進一步釐清相關科學爭議，也缺乏利害關係人間完善的對話與溝通機制。針對風力發展的爭議與程序正義問題，審議式的公民參與模式提供一個平等的理性溝通平台和對話的行動場域，讓相關政策行動者彼此互動、協商和形塑知識。相關權責管制機關有必要致力於制度變革，將公民社會的能量整合至政策發展；建構參與式科技影響評估機制，強化民間團體和具在地生活經驗的社區居民參與風機設置運轉的科學知識生產和管制規則制定（范玫芳，2014b）。

柒、結論

能源正義的目標是提供所有個體、跨區域的安全、可負擔的、永續的能源來源。能源相關研究指出在全球化和在地壓力的脈絡下，來自於能源基礎建設的設置決策已帶來不公平的分配、補助、定價和消費。能源政策制定必須深入瞭解各種社會的相關要素（Heffron & McCauley, 2014: 437），並檢視阻礙創新機會的制度性鎖定和惰性，以朝向更永續的能源轉型體系（Wolsink, 2013）。能源正義不只是針對能源政策，也牽涉整個能源體系。能源政策則通常只處理到能源體系的損害和無效率之處。體系式的思維像是「地球體系治理」（earth system governance）強調必須瞭解全球轉變和社會與自然系統的複雜關係，並探索能源製造與消費中以分配、程序、肯認為基礎的正義議

題。在此脈絡下,能源正義關心私部門、政府、公眾的社會責任及其選擇所造成的代間正義的衝擊,並要將其從國內層次推進至國際層次,這更涉及到能源政策制定和轉型中的世界能源體系(McCauley *et al.*, 2013)。

能源研究須尋求跨學科的能源系統評估,「以問題為焦點」(problem-focused)的研究須同時以自然科學和社會過程為中心,包括不同行動者以及質化和量化等不同的研究方法,將有更好的機會達到卓越的分析和社會影響(Sovacool, 2014)。能源議題相關的政策資訊揭露為程序正義的重要議題,像是公眾是否完整的知道不同能源來源的補助,是由哪個能源部門所收取?不同能源來源是否是處於公平競爭的條件下?這些會直接影響到能源的偏好及其政策。蘇格蘭政府則將公共諮議(public consultation)置於能源發展策略和環境決策的核心位置(McCauley *et al.*, 2013)。

臺灣未來低碳能源轉型必須盡早推動電業自由化,開放發電業者自由競爭,讓市場反映出電價,並讓消費者享有能源選擇權。政府必須正視能源正義的議題,並積極推動能源體系和政策變革,例如:課徵能源稅或環境稅以反映發電的外部成本、考量社會經濟弱勢差異並設計稅收和補貼的配套機制。此外,我國能源政策資訊公開與揭露程度相當不足。2014 年在全球七十國的評比中,臺灣政府資料開放程度排名第三十三名。臺灣民眾瀏覽與下載的資料多屬於民生、藝文、金融類別。目前開放的資料約有兩千多項,若以政府開放資料的格式與程度而言,以五星為最高等級,臺灣開放的資料約為三星以下的格式。以城市而言,目前開放資料最多的是臺北市,其次為新北市與高

雄市。[7] 美國歐巴馬政府推動的綠按鈕（Green Button）計畫，[8] 所強調的透明與開放政府的原則，及智慧電網的設置經驗值得我國學習。

　　未來能源政策的評估和決策過程有必要納入環境正義和能源正義價值。Walker（2007）指出現行對於政府的環境及相關決策是否公平，主要仍依靠政策評估工具進行檢視，若政策評估工具不考慮分配影響，將會導致分配影響不受到檢視，最終可能在不知情的情況下，成為創造與維護不平等的一分子。環境和能源正義關注重點不只是一個新政策、計畫或規定對環境的影響，也包含了這些影響在不同社會團體中如何分配。以英國為例，聚焦於環境問題與最具法律地位的評估工具是環境影響評估（EIA）、策略環評（SEA）或政策環評和永續性評估（SA），但這三者對於分配問題很少關注，也很少注意到未來的世代與其他距離遙遠的人口。這突顯現行政策和評估工具中存在分配赤字（distributional deficit）的問題，有必要更加重視政策與計畫推動對於不同族群、性別、年齡以及對於未來下一代的影響問題。未來政策評估工具有必要明確地納入環境分配公平性的評估，或發展一個新的環境正義分配分析的政策評估工具。

7　余至浩，2014，〈政府開放資料大體檢，哪些民眾最愛用？〉。iThome，http://www.ithome.com.tw/news/89376。

8　綠按鈕計畫是美國政府資訊開放政策中的一環，從2012年開始執行。政策目標包括：使消費者能夠了解自己的能源消耗情況，並從中進行調整，達到節能減碳、降低能源花費的目標。幫助消費者選擇適合自己的能源使用模式。預計在2020年再生能源的使用要達到目前的三倍。可進一步參考：Aneesh Chopra, 2011, "Modeling a Green Energy Challenge after a Blue Button." In *the WHITE HOUSE*, https://www.whitehouse.gov/blog/2011/09/15/modeling-green-energy-challenge-after-blue-button.

參考書目

范玫芳，2013，〈能源決策困境與參與式科技評估之展望〉。《國家發展研究》，13(1): 1-40

范玫芳，2014a，〈核能科技風險與價值衝突：STS 與正義觀點〉。收錄在王文基、傅大為、范玫芳主編，《台灣科技爭議島》。新竹：交大出版社。

范玫芳，2014b，〈風險管制與程序正義：風力發電機設置爭議〉。《民主與治理》，1(2): 59-81。

Catney, P. *et al.*, 2013, "Community knowledge networks: an action-orientated approach to energy research." *Local Environment: The International Journal of Justice and Sustainability* 18(4): 506-520.

Cowell, R., Bristow, G., & Munday, M., 2012, *Wind Energy and Justice for Disadvantaged Communities*. Available at https://www.jrf.org.uk/sites/default/files/jrf/migrated/files/wind-farms-communities-summary.pdf (Last accessed: July 8, 2015).

Hall, M, S., 2013, "Energy Justice and Ethical Consumption: Comparison, Synthesis and Lesson Drawing." *Local Environment: The International Journal of Justice and Sustainability* 18(4): 422-437.

Hall, M, S., Hards, S., & Bulkeley, H., 2013, "New approaches to energy: equity, justice and vulnerability: An introduction to the special issue." *Local Environment: The International Journal of Justice and Sustainability* 18(4): 413-421.

Heffron, R. J. & McCauley, D., 2014, "Achieving sustainable supply chains through energy justice." *Applied Energy* 123: 435-437.

Hiteva, R. P., 2013, "Fuel poverty and vulnerability in the EU low-carbon transition: the case of renewable electricity." *Local Environment: The International Journal of Justice and Sustainability* 18(4): 487-505.

McCauley, D., Heffron, R. J., Stephan, H., & Jenkins, K., 2013, "Advancing energy justice: the triumvirate of tenets." *International Energy Law Review* 32(3): 1-5.

Rawls, J., 1971, *A Theory of Justice*. Cambridge: Harvard University.

Sen, A. (2009). *The Idea of Justice*. Cambridge. MA: Harvard University Press.

Sovacool, B. K., 2013, *Energy & Ethics: Justice and the Global Energy Challenge*. New York: Palgrave.

Sovacool, B. K., 2014, "Diversity: Energy studies need social science." *Nature* 511(7511): 529-530.

Walker, G. P.,2007, "Environmental justice and the distributional deficit in policy appraisal in the UK." *Environmental Research Letters* 2: 1-7.

Walker, G. & Day, R., 2012, "Fuel poverty as injustice: Integrating distribution, recognition and procedure in the struggle for affordable warmth." *Energy Policy* 49: 69-75.

Wolsink, M., 2013, "Fair Distribution of Power Generating Capacity: Justice in Microgrids utilizing the Common Pool of Renewable Energy." Pp. 116-143 in *Energy justice in a changing climate: social equity and low carbon energy*, edited by Bickerstaff, K., G. Walker, & H. Bulkeley. London: Zed.

第二部分

跨國
比較

德國的綠色能源經濟轉型

劉書彬
東吳大學政治學系教授

壹、綠色能源經濟轉型的背景與動機

　　提到德國的代表性工業時，多數人會以生產高級雙 B（Merzedes Benz, BMW）轎車、福斯大眾（Wolkswagen）的汽車工業，以及博世（Bosch）、西門子（Siemens）、等電器機械工業、和德國的高速鐵路（ICE）為代表。然而，2000 年德國制訂《再生能源法》促進再生能源發展後，德國在前述的傳統機械、電機和汽車工業基礎上，還致力於友善環境的綠色科技與能源產業發展。這個包含以友善環境方式生產和儲存能源（Environmentally friendly power generation and storage），以及提升能源效能（Energy efficiency）在內的相關產業，表現十分出色。自 2013 年起，德國這兩項產業在全球的市佔率平均已達 15%，居全球領先地位，呈現出綠色能源科技轉型帶動綠色經濟的特色。這和工業革命以來，以燃煤、石油、天然氣等化石性燃料為主要的能源來源，撐起全球經濟發展的褐色經濟特色大不相同；因為

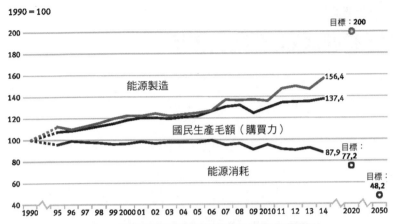

圖4-1　1990-2050德國能源消耗與經濟成長關係指數比

資料來源：（Statistisches Bundesamt 2015: 5）。

德國的發展模式已經脫離了經濟發展和能源消耗成正比的關係，產生脫鉤現象（見圖4-1）；對於只有地球這個生存環境的我們，這樣的經驗彌足珍貴。

　　2006年歐盟能源綠皮書將競爭性、永續性、安全性設為歐盟能源的目標後，梅克爾政府從其第二任期開始前後，也以全方位的國家能源戰略角度來建構直至2050年的「2050能源概念」計畫。擁有永續、清潔、安全可靠性、及具人民支付能力的能源，雖是德國總體能源目標，但對應現實操作狀況，聯邦政府重視的政策目標順序，卻是以永續性——對環境與氣候友善為先、次為供應安全、最後才是以民眾支付得起的價格性考慮；在這三項歐盟與德國的共同目標之外，德國還設定能源議題也不應成為社會問題的根源（例如不該出現如：核四存廢問題在臺灣為超過三十年的社會爭議，影響國內政治秩序）；並要在前述基本前提下，設定能源政策的目標，還應兼顧產業競爭能力的維繫，務必要維持德國在全球能源和氣候防護科技上的領先地位。

　　在這樣的前提下，在化石、核能與再生能源三大類的能源來源中，基於全球氣候防護的理由，德國必須有效、友善環境性地使用化石能源。主要是透過先進的燃煤與天然氣電廠、和二氧化碳捕獲與封存技術（Carbon Capture and Storage, CCS）來執行，方能符合全球減碳的責任與低碳能源的條件。至於核能，自 1986 年蘇聯境內的車諾比核電廠爆炸發生嚴重輻射外洩事件後，德國國內不斷有劇烈的政治爭執。例如：經歷 2000 年首次綠黨參與執政的紅綠聯合政府和核能產業達成的「核能共識」，經由《原子能法》修法確認：核子反應爐將於運作三十二年後完全除役。不過，鑒於防護氣候變遷的需要，2010 年梅克爾第二任的聯合政府曾修法促成核電廠延役。[1] 當時，身為物理學博士的聯邦總理梅克爾對核能態度是將核能定調為：「過渡能源」，等到再生能源可以供應穩定後，就落實核電退出（BMU, 2011: 14-17）。2011 年日本 311 核災後，德國除了立即停止八座舊核反應爐的運轉外，也召開「未來能源供應倫理委員會」，來評估核電廠的風險，以因應福島核災新情勢出現的「核能風險」和「加速放棄核電」的議題。在德國人民風起雲湧的反核抗議和倫理委員會提出：德國在未來幾年有可能以低風險，且符合社會經濟生態的技術取代掉核能的結論下，德國國會於 2011 年中完成《原子能法》的修法，明訂將於 2022 年底實現「非核家園」目標。

　　2011 年 6 月 9 日梅克爾在國會有關「能源轉向」政策報告中的一段話，就指出了核電的風險、和人類感知之間的差異。她當時沉重地指出：

1　延役的原則在於：建於 1980 年前之核反應爐延期 8 年，而 1980 年以後建起來的核反應爐延期十四年。

「面對日本這樣高科技的國家，也有無法駕馭核能的危險，所有能感知的人，都感受到這事實的衝擊，我也改變了我原有的認知。……問題不在於德國會不會發生像日本那樣的地震，而在於核能風險接受的信任，和來自於風險可能性分析的信任。過去這些建構了我們核能政策決定的基礎，就是支持這樣一個值得信賴、支付得起的、且對環境友善的能源來源。所以去年（2010）秋天，我支持了新的核能計畫，支持核電廠延役。現在為了不引起誤會，我今日明白地表示：福島事件改變了我對核電的想法」（Merkel, 2011）。

再生能源是德國未來能源供應的核心，也是成為能源創新與科技基礎結構現代化的根本，這些技術包括能源儲存、智慧型電網、具彈性調控的電廠和新的科學技術。另外，再生能源也要追求成本效益，所以原《再生能源法》中對太陽光電的補貼優惠將逐年減少，[2] 而藉由擴增市佔率，促使其達到2012 年再生能源發電12% 的比例。

至於節流部分，主要透過能源效率提升達成，要將其與市場機制連結；另外鑒於建築部門能源消耗佔能源消費總量的40% 和33% 二氧化碳排放量，因此提升建築部門的能源效率為政策重點。公部門也透過採取高能源效率的公共設施建設、並以能源效率為政府公共採購與招標的主要標準、而且推出加強建築節能認證和建築物能源證明。私部間則提供消費者與企業貨品能源效能的資訊與諮詢。德國為了節能而採用的財稅工具，包括徵收：能源稅、電稅、再生能源附加費、車輛稅、航空稅等名目的生態稅。

2　在「2050 能源概念」法案推出的2010 年6 月，太陽能佔再生能源發電來源的比例僅有9%，但補貼金額卻佔整個再生能源價差補貼的40%，因此藉由逐年遞減9% 補貼的方式，使其依賴擴大的市場佔有率獲利。

　　總之，「能源轉向」策略的目標之一是：在十七座反應爐關閉的目標下，德國依舊要於2050年時維持2010年12月底通過的能源方案三大目標：

1. 氣候變遷防護。意即二氧化碳排放量至2050年要比1990年的排放量降低80-95%比例。

2. 再生能源佔最終能源消耗總額至2050年時，達到60%左右；但電力部分則100%由再生能源產生。

3. 能源效率的提升。目標是2050年的初級能源消耗和2008年相比，要達到降低50%的程度。

貳、綠色能源經濟轉型在德的實施成果

一、再生能源供應與消耗的增加

　　為了達成前述以再生能源推廣和能源效率提升為主的德國能源經濟轉型政策目標，德國在法律制度上，做了巨幅的增修。2011年的能源轉型六項包裹性法律的修訂包括：1.《強化因應氣候變遷城鎮發展法》、2.《加速電網擴建措施法》、3.《能源經濟法》增訂、4.《公共採購獎勵條例》的修訂、5.《促進再生能源電力生產條例》新增、6.《能源與氣候特別基金設置條例》修訂（BMU, 2012: 15）。其中《再生能源法》歷經2004年、2009年、2012年、2014年四次修訂；再加上《獎勵再生熱能法》、《生物燃料推廣法》、和《儲存設備的強化法》與《加速擴建超高壓網路法》，將位於北海地區新興且風力強大的離岸風力機群，和南部工業重鎮電力的需求連結起來，或是再連結歐盟鄰國的電網，相互支援電力供需，都促成再生能源的供應形式，

從水力、路上風力、一路增加到生質能、太陽光電、離岸風力、生質熱能和生質瓦斯等多元形式的能源生產。德國再生能源的發電量更是已從1990年的3%，上升到2014年底超過25%的比重。再生能源在最終能源使用上由2005年的6.9%上升到2014年的13.7%（表4-1）。

表4-1　1990-2014年德國再生能源佔最後能源消耗之比例

年份	1990	2005	2006	2008	2009	2010	2011	2012	2014
再生能源消耗佔最後能源總消耗比（%）	1.9	6.9	8.0	9.3	10.2	11.3	12.1	12.6	13.7

　　圖4-2可看到2009年德國第一個離岸風力機園區（Windpark）── Alpha Ventus 在北海壯闊聳立的景象。截至2015年2月，位於北海運轉的離岸風機已有204座，發電量達到865.5百萬瓦；然而，已經建置或在規劃的離岸風機則達到589座，預估發電量達到2,711.2百萬瓦。

圖4-2　德國第一個離岸風力機園區 Alpha Ventus Windpark
資料來源：（BMWi, 2015: 6）。

　　德國2000年開始的「十萬屋頂計畫」，對德國境內任何新設置太陽光電發電系統進行低利貸款補助，《再生能源法》也提供太陽光發電為期二十年優厚固定電力收購價格，吸引德國大批家庭掀起屋頂加上太陽光電板的熱潮。而德國太陽光電產業由於政府大力資助，因此發展迅速；然

圖4-3　離岸風力機是人力和科技的大挑戰
資料來源：（BMWi, 2015: 13）。

基於市場競爭的需要，2012年3
月9日起德國太陽光電補助政策
修訂，除了上網收購價格（FIT）
逐漸下降外，也排除對大型地面
系統（大於10百萬瓦）設施的補
助。這樣的措施，雖然讓許多德
國太陽能光電企業倒閉，但具有
競爭力的企業卻可以生存下來，
足以因應劇烈的全球市場挑戰。

圖4-4　德國弗萊堡市一隅

資料來源：FESW（2007）。

而且在市場競爭下，太陽光電設施裝置的價格大幅降低，形成不分南
北均可見到閃閃發亮的太陽能板設置在住房建築物上的特色景觀（參
見圖4-4）。截至2014年已經有205萬幢房子屋頂架設太陽能板，總
底板面積超過1,840萬平方公尺（參見圖4-5）。

圖4-5　超過200萬座太陽能暖氣設置在德國

資料來源：Bundesverband Solarwirtschaft（2015）。

2007 年起，持續七年的「百分百再生能源區域計畫」（Das Projekt 100% Erneuerbare-Energie-Regionen）也對再生能源設置使用的普及化，做了絕大的貢獻。參與這個計畫的會員社區、城鎮、市或區域，以追求能源效率和能源節省的目標，直至其完全能實現百分百再生能源生產和運用。截至 2014 年初，在德國共有 146 個鄉鎮市、社區和區域性的社團已經設訂發展 100% 再生能源的目標。在這些區域中居住的人口數約 2,500 萬，所轄的面積約 12,700 平方公里，佔全德面積總量的三分之一之多（IdE, 2015）。

另外，在最消耗能源的建築部門上，德國也因應歐盟的「建築物能源效率指令（EPBD）」，推動「建築能源證明」（Energieausweis）（圖 4-6）制度，要求新建築、建築重新租賃、銷售及公共建築等在

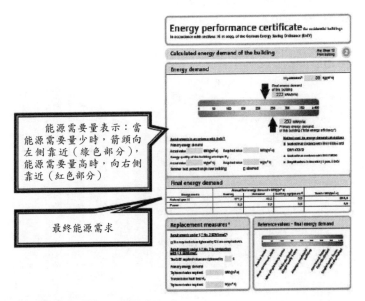

圖 4-6　德國的建築能源證明
資料來源：（高雄市政府，2012: 17）。

建造、出售或出租時，必須提出「建築能源證明」。舉例而言，新建的住宅房地產買賣時，建築物產權移轉過程中除產權資料文件外，尚需提供建築物能源護照。能源效能

圖4-7　漢堡市的油電混合動力公車
資料來源：fuelcellsworks（2012）。

欠佳的建築物，將影響交易價格甚至不易售出；因為日常能源使用佔整體建物生命週期中能耗的八成，若使用者不在購買或租賃時，留意建築物能源證明的能源需求和消耗資訊，則將在付出購買費或租金之後，每月還要支付房子生命週期內的大筆能源使用費，這在能源和電費高昂的德國，對一般使用者而言是一筆大支出。

　　再生能源在交通運輸工具系統的使用，更加速人民養成使用再生能源的習慣。特別是運用移動性電力裝置的推廣上，如：電動車。聯邦政府與工業界達成2020年時有一百萬輛、2030年有六百萬電動車在道路上行駛的目標。為了推廣電動車，2011年德國的國家發展計畫中通過電動車車牌規例。各種零碳排放燃料的促進與油電混合技術和裝置、和再生能源加油站設置已加速進行（BMU, 2011: 24-25）。例如：漢堡市於2011年已經有四部為油電混合電池（hybrid cell）的大型公車（圖4-7）；2014年底也有兩部太陽能電池公車（solaris fuel cell buses）加入營運行列。油電混合電池公車由聯邦運輸部下的創意燃料電池技術計畫支援，使用 Mercedes 的油電混合技術而完成，是一項產官研究合作的案例。

二、綠色環境產業創造就業與增加經濟產值

　　德國能源轉型政策下，所帶動的就業提升和產值增加，是其能
成為德國未來主流代表產業的重要因素。2004 年時從事再生能源產
業的人數為160,500 人，經歷2008 年全球金融海嘯，其就業人口於
2009 年時增至339,500 人，至2011 年已經達到381,600 人。就廣義的
環境科技而言，在2014 年德國環安部出版的《德國綠色科技4.0 的報
告》（*Green-Tech made in Germany 4.0*）（BMU, 2014: 25）的六大綠色
科技產業[3] 中，2013 年德國這六部分的實際產值達到3,440 億歐元，
佔德國國民產毛額的比例由2011 年11% 上升到2013 年的13%。兩
年之間，就業人口從140 萬上升到150 萬人（BMU, 2014: 9）。在每
年此領域就業成長率為3.9% 的情況下，推估2025 年將有240 萬就業
人口（BMU, 2012: 30）。預估到2025 年這六大產業每年將以6.6% 比
例成長，其產值將達到7,400 億歐元，屆時將佔德國國民生產總值的
20%（BMU, 2014: 8-9）。

　　圖4-8 也可看出德國2014 年再生能源生產廠運作下所帶來的經
濟刺激結果，顯示再生能源發展已經出現總值145 億歐元的產值。其
中生質能生產電力的產值最大，達31.4%，若再加上生質能做為熱源
或燃料，則意味：生質能為德國發展最蓬勃的再生能源產業，共達
100 億歐元產值。其次為15 億的陸上風機產值。

3　六大綠色科技和資源效能產業分別為：(1) 對環境友善的能源製造與獲取
　（Environmentally friendly power generation and storage）、(2) 能源效能（Energy
　efficiency）、(3) 材料效能（Material efficiency）、(4) 可持續性移動（Sustainable
　mobility）、(5) 廢物管理與循環（Waste management and recycling）、(6) 可持續
　性水資源管理（Sustainable water management）。

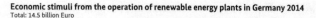

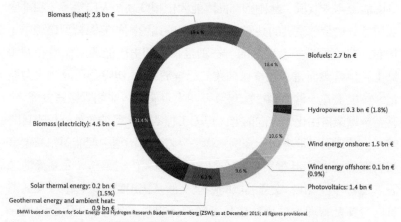

圖4-8　2014 年德國再生能源生產廠運作下的經濟刺激結果
資料來源：（FMEn, 2015: 42）。

參、借鏡德國經驗

德國綠色能源經濟的發展，促成了德國五大面向的轉型，分別為：經濟（脫離褐色轉向環境友善的綠色經濟）、技術（結合傳統工業和新進的資訊科技成為智慧型能源和資源使用管理之應用）、生態環境（減少溫室氣體和能源消耗）、就業工作者（就業者轉型技術提升）、和企業建制（發展出與環境和社會的協調機制），所以對德國帶來全面性的轉型影響和意義。這在全球資源有限、生態環境破壞嚴重、褐色經濟蕭條，且人口不斷成長的挑戰下，德國這樣的能源經濟轉型成為能因應未來艱鉅挑戰的一種解決方案。

　　臺灣和德國在經濟結構上不同，因氣候與國土條件不同也形成不同的能源需求狀況。然兩國都面臨能源依賴度高、人口眾多，和都應該肩負分擔全球減碳的共同責任，為此前述德國的能源轉型經驗中，仍有一些值得借鏡參考之處。特別是在開創再生能源的使用範圍領域上。以臺灣而言，台電目前雖然已經於2016初將公司分為火力發電、核能發電、輸供電、配售電等四大事業部，並朝「廠網分離」，甚至是電業自由化的方向前進，但因工程浩大，恐怕改革時程曠日費時。但若透過《地方自治條例》修法，將地方治理中與能源和減碳事務有關的1.都市計畫與營建（如建築管理、住宅業務、公園綠地之設立及管理）、和2.交通領域的地區交通系統規劃，或移動性交通工具之營運及管理；以及3.公營事業和民間開辦合營事業等劃歸地方治理事項；再與中央協調立法後，從事地區或社區型再生能源的產銷配服務，執行猶如德國「百分百再生能源區域計畫」的工作，就可擴大再生能源使用的市場。在臺灣已有基礎的太陽光電產業，若能結合領先的資訊產業鏈，共同推動再生能源使用在地化，並發展能源資訊管理業，也許就能破解再生能源在臺灣屬於間歇性能源（不能支援工業發展需求的持續性電力）的重大發展侷限迷思，轉而從事供應民生用電所需，而走出臺灣再生能源發展的一片天。

參考書目

高雄市政府，2012，《德國建築的能源效率考察案》。高雄市。

BMU,2011, Das Energiekonzept der Bundesregierung 2010 und die Energiewende 2011.

BMU, 2012, Green Tech made in Germany 3.0: Environmental Technology Atlas for Germany.

BMU, 2014, Green Tech made in Germany 4.0: Environmental Technology Atlas for Germany.

BMWi, 2015, Offshore-Windenergie Ein Überblick über die Aktivitäten in Deutschland. Berlin: BMWi.

Bundesverband Solarwirtschaft, 2015, In https://www.solarwirtschaft.de/ fileadmin/media/Grafiken/pdf/ST_solare_energiewende_heizen-150203. pdf.

FMEn (Federal Ministry of Environment, Nature Conservation and Nuclear Safty), 2013, *Development of renewable energysources in Germany 2012*. Berlin: EMEn.

FMEn (Federal Ministry of Environment, Nature Conservation and Nuclear Safty), 2015, *Development of renewable energysources in Germany 2014*. Berlin: EMEn.

FRSW(Freiburg-Schwarzwald.de), 2007, In http://www.frsw.de/littenweiler/ solar.htm, Blick nach Nordwesten zum HYPERLINK "http://www.frsw. de/littenweiler/vauban.htm"Sonnenschiff.

Fuelcellsworks, 2012, HYPERLINK "https://fuelcellsworks.com/ archives/2012/04/04/the-fuel-cell-hybrid-sauberbus-has-commenced-operations-on-the-streets-of-hamburg/"The Fuel Cell Hybrid SauberBus has commenced operations on the streets of Hamburg. In: https:// fuelcellsworks.com/archives/2012/04/04/the-fuel-cell-hybrid-sauberbus-has-commenced-operations-on-the-streets-of-hamburg/

IdE, 2015, Netzwerk der 100ee-Regionen wächst weiter-Regionen und Kommunen setzen sich ambitionierte Ziele.

Merkel, Angela, 2011, "Regierungserklärung von Bundeskanzlerin Angela Merkel zur Energiepolitik: Der Weg zur Energie der Zukunft." *Bundesregierung.*

Statistisches Bundesamt, 2015, *Umweltökonomische Gesamtrechnungen Nachhaltige Entwicklung in Deutschland Indikatoren-zu Umwelt und Ökonomie.* Wiesbaden: Statistisches Bundesamt.

美國因應氣候變遷之能源與經濟轉型

鄭景雯

美國亞歷桑納州立大學景觀建築學助理教授暨
永續科學資深研究員

前言

　　氣候變遷是人類發展在工業化下無預料的結果，因延續過去工業與都市發展模式消耗大量石化能源所造成今日現象，而過去的發展模式正在面臨轉型的挑戰。能源和經濟發展息息相關，因此在氣候變遷減緩的政策需做跨科際考量。氣候變遷的溫室氣體來源，在美國有一半以上是因燃燒石化燃料來供應民生與工業用電所致。美國自2008年歐巴馬執政以來，適逢房地產泡沫與經濟危機，加上國際上對碳管制與交易及推動氣候變遷政策的壓力，在近五十年來長期倚賴進口與服務業的美國，面對國內大幅度的失業人口與缺乏可以增加就業以及競爭力的製造業，在國內與國際多重層次的政治與經濟謀和下，歐巴馬總統順水推舟，得以提倡以發展與製造再生能源做為「綠色」經濟的基礎動力，製造「綠」工作，企圖朝向乾淨能源與綠色經濟發展，

以做為因應國內與國際的能源、經濟與氣候變遷危機的重要政策。臺灣目前也處於能源、經濟與氣候變遷危機的重要關鍵時刻，此章節冀以美國之經驗為借鏡，給予臺灣能源與經濟轉型的動力與氣候變遷因應策略的參考，並進而面對全球氣候變遷的重要決策，以提升國際競爭力達到永續發展。

壹、氣候變遷、能源與經濟之關係

　　全球矚目的第21屆全球氣候變遷國際高峰會議（COP21），2015年在被暴力襲擊後仍堅守自由、平等、博愛的法國舉行，凝聚全球196個國家，包含中國、印度等發展中大國，達成將全球暖化程度減到2℃以下的共識，每個國家進而須制定法律並實踐減碳的目標。氣候變遷與能源和經濟息息相關。2013年美國環保署的資料顯示，發電業與工業所產生的溫室氣體佔全國來源的一半以上，其中發電業是最大的氣候變遷來源，佔31%，交通運輸相關產業與民生使用佔了27%，工業溫室氣體的排放包含了工業本身燃燒石化能源的需求則佔了21%（圖5-1）。進一步看美國能源的來源與使用分配，以美國聯邦能源局2014年數據為例，主要使用者依序是住宅及商業建築物、工業、交通運輸、和發電廠，石油與煤佔全美能源供應的53%，核能佔8%，再生能源佔10%，石油的供應92%卻是供給消費能源最大量的交通業，91%的煤則是供應給發電業所需的42%，工業所需的能源主要來自石油（38%）與天然氣（44%），而再生能源之供應與在各產業的消費使用均佔10%左右（圖5-2）。能源與工業是工業革命以來經濟發展的基礎，以低價購買的高污染高碳排放石化能源，例如煤、石油等是近幾十年來根深蒂固的經濟動力。美國的經濟架構，在1970年代後，

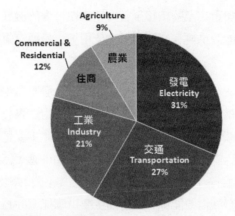

圖5-1　美國各產業溫室氣體排放百分比分佈

資料來源：2013 年美國環保署資料。

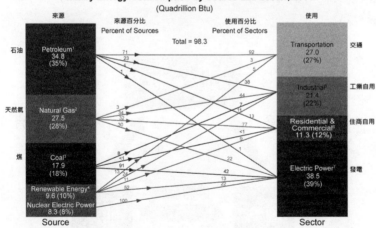

圖5-2　2014 年美國主要能源來源與使用量百分比分佈

資料來源：美國能源資料管理中心。

大多數製造業與重工業陸續移至勞力密集與低廉的發展中國家，致使現今大部分的能源供應在交通與民生使用，也是溫室氣體排放的主要來源。

依能源消費結構來看與氣候變遷的關係，發電業生產供應消費者用電，其所產生溫室氣體的來源主要是因為使用燃煤發電的結果；而交通運輸業所產生第二多溫室氣體排放，其來源主要是石油；工業所排放第三多的溫室氣體則來自四成左右的石油供應，總之造成氣候變遷溫室氣體效應除了交通業外，就屬和工業相關的經濟產業和燃煤發電。因經濟發展需要能源，而目前主要供應能源的石化原料，如石油和煤是主要溫室氣體排放的來源，致使能源的消耗是造成氣候變遷的主要因素，而以往依賴石化原料的經濟發展成為氣候變遷的最主要的推力。因此，欲減少氣候變遷效應，需要減少溫室氣體排放，經由經濟發展轉型至乾淨能源，形成氣候變遷、能源、經濟的大三角關係（圖5-3）。

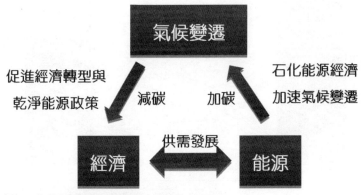

圖5-3　氣候變遷、能源與經濟之三角關係
資料來源：作者自繪。

貳、美國能源概況

　　美國人口佔全世界約5%，但卻使用全世界25% 的能源，其能源來源是如何分佈？在美國是如何分配使用？能源使用趨勢為何？

　　從1950 年至2014 年，石油、天然氣與煤持續是前三名主要來源，由美國能源資料管理中心的數據顯示。石油與天然氣的供應受國際政經的影響顯著，自二次世界大戰結束、1950 年後持續增加的趨勢，至1970 年代後期達到高峰，卻在1980 年代重挫近十年的成長，受當時全球的經濟危機影響顯著，供應趨勢回升後持續成長，直到2008 年美國金融危機造成全球經濟震動，在達到最顛峰後再度下跌，此時正呼應歐巴馬誓言領導國家和國際一起應對氣候變遷的危機，加上生產石油的中東地區國家對美國外交政策的敵意造成國家安全的危機，和國內呼應減少石油進口和促進能源獨立自主的政策分針，美國開始策劃降低進口石油、提升石油自給率，並獎勵開發取代石油能源的政策。在燃煤能源的供應趨勢上，主要以國內自產與中國進口來源為主，供應穩定，需求也在歷年來穩定成長，在1980 年代後的趨勢和石油來源相仿，皆在2008 年後下降，此外，近年來對氣候變遷以及空氣污染防治政策與環保意識也有受到影響，再加上採礦成本提高，取而代之的則是天然氣以及持續增長的再生能源，與1970 年代後快速增長的核能發電，但在最近幾年再生能源的使用已有超過核能並加速增長的趨勢（圖5-4）。

　　美國各產業主要能源使用量逐年增加（圖5-5），交通、住宅、商業等產業能源使用量大致上和人口成長的趨勢相符：自1950 年人口從1 億5 千萬以穩定的年成長率增加至2014 年的3 億2 千2 百萬人口。因人口增加所興建的工程建設和建築物，以及在這段時間依賴自用車做為主要的私人交通工具，和依賴航空和道路運輸做為主要跨州

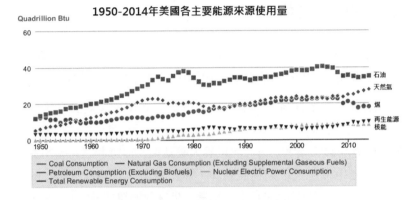

圖5-4　1950-2014年美國各主要能源來源使用量
資料來源：美國能源資料管理中心。

的交通方式，致使交通、住宅、商業等產業能源使用持續增加。美國的汽車製造與研發從19世紀末的興起到1980年代的高峰是過去美國主要經濟產業之一，自進口車開放後，日韓汽車成自用車主流，影響國內工業發展，但依賴汽車的文化以及仰賴石化能源有增無減，即使在1990年後新都市主義倡導減少對汽車依賴的都市設計，以及推廣綠建築以增加建築物的能源使用效率等相關政策與市場機制的獎勵，或因前幾年房地產消弭的影響，還是不足以看到明顯的能源使用下降的趨勢。工業能源使用趨勢則和石油供應的趨勢相仿，隨國際情勢變動較大，而近年來工業用能源削減在2008年重挫後有逐漸回升的趨勢，但其增加的速度沒有以往快。

工業一直是經濟發展的重要指標，工業能源的使用和每個人息息相關，反映在服務以及物品的價錢、物品生產的品質、經濟系統的強韌性、以及可提供的工作機會，再加上能源消耗所產生溫室氣體對氣候變遷的影響，隨著經濟產業結構的改變，工業能源的使用會改變，

也影響應對氣候變遷的政策。以往美國當經濟景氣不佳時，朝野間對工業發展加以保護，對能源取得與國際關係加以施行強勢的態度，對氣候變遷政策則採保守態度不願負起責任與義務。但以往保守的態度與政策並無法刺激美國的經濟發展，長期將製造業移往勞力密集以及廉價的中國與其他發展中國家，以及缺少和大企業制衡的結果，已使貧富差距鉅額增加，小型企業與中產階級受重挫，美國的經濟結構的創新與自主能力受到前所未有的挑戰。緣此，歐巴馬總統在 2008 年當選第一任任期之時段，正值美國在 21 世紀所面對景氣最低迷的時候，如何轉型經濟結構以鼓勵製造業、增加工作機會、因應氣候變遷等議題，和能源轉型政策有密切關係，因此促成近年美國《氣候變遷執行計畫》（*Climate Action Plan*）與《潔淨電力計畫》（*Clean Power Plan*）的公佈與推行。

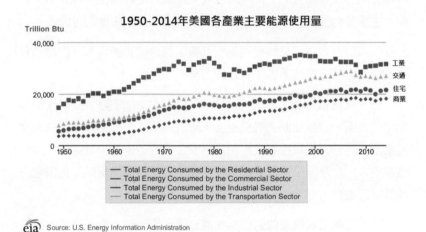

圖 5-5　1950-2014 年美國各產業主要能源使用量
資料來源：美國能源資料管理中心。

參、《氣候變遷執行計畫》（ *Climate Action Plan* ）與《潔淨電力計畫》（ *Clean Power Plan* ）

聯邦政府所屬的相關建築、交通、設施、工程、服務等所使用的能源佔全國經濟產業之首，緣此，美國總統歐巴馬於2009年剛接任職位時即宣誓將石化能源使用與溫室氣體排放在2020年底之前減低28%，並增加再生能源的建設。全國各單位努力的結果，在2013年歐巴馬進入第二任期時，已減少了17%，並已有9%的電力來自再生能源。2013年，歐巴馬白宮政府公佈《氣候變遷執行計畫》（ *Climate Action Plan* ），此為美國首度正視氣候變遷為國家議題並建構機制與國際氣候變遷政策接軌，促成2015年8月3日，歐巴馬與美國環境保護署所公佈的《潔淨電力計畫》（Clean Power Plan），其公佈時間選擇在11月舉行的第21屆全球氣候變遷國際高峰會議（COP21）之前，主要是向全球宣示美國領導因應氣候變遷政策所做的努力。

美國白宮宣示《氣候變遷執行計畫》將會減少美國家庭能源消耗量並減少電費，其政策主要有三個方針：

一、減低碳污染： 2012年在經濟成長減緩的情勢與減碳政策推動下的美國，碳排放減到最低程度，是近二十年來的第一次，為持續推動改善的動力，歐巴馬政府制定更堅定的政策來減少碳排放，以保護家庭、兒童及未來世代，創造美國製的乾淨能源與提供工作機會與減低家庭電費。

二、因應氣候變遷的影響： 在減低碳污染以減少氣候變遷效應的同時，必須同時準備因應氣候變遷已帶給全國的影響。往前看，歐巴馬政府將協助州及當地政府因應極端氣候與強化道路、橋梁、海岸等來加強保護人民的住家、生計與生活方式。

　　三、領導國際協力對全球氣候變遷並準備好因應其影響：沒有一個國家可以不受氣候變遷影響，也沒有一個國家可以和氣候變遷單打獨鬥，因此美國必須促進國內執行面並且領導國際合作，促進國際談判與決策的發展，尤其讓碳排放大國明顯減少碳污染量，並使各國預備好因應氣候變遷的影響。

　　美國聯邦《潔淨電力計畫》將目標設在 2030 年達到減少碳排放至低於 2005 年碳排放程度的 32%，此法依據公平與客製化原則，讓各州斟酌當地政經能源條件與民情，自訂相關細節法規與實踐的空間，同時維持全國政策的相同性，並要求各州在法律上負責。在《潔淨電力計畫》公佈前，全美的五十州之中許多州已各自制定碳排放與能源政策，例如：三十七個州已制定運用再生能源的目標，十個州已設有碳交易的機制，二十五個州已有能源效率提升的目標。因此《潔淨電力計畫》鼓勵各州擬出適於各地的政策，在 2018 年提出完整的州立政策來達到國家政策目標。

　　美國聯邦《潔淨電力計畫》是繼美國在兩大保護環境最基本的空氣與水的品質的聯邦法律——1963 年《潔淨空氣法》（*Clean Air Act*）與 1972 年《潔淨水法》（*Clean Water Act*），在環境保護之政策上的另一個重要的里程碑。而此政策的主要推動力是為了減低溫室效應氣體的排放，換句話說，這是美國國家政策第一次正視氣候變遷的現象與其所帶來對環境與社會的影響，並正式將碳視為污染源的一種，如同砷、汞、鉛等為污染空氣與水之重要來源，必須立法管制以維護環境品質與全民福祉。

　　但這項國家政策正面臨實行的挑戰，在 2015 年 10 月，二十四個州聯合控告環保署的《潔淨電力計畫》已超越國會給予的權限來管制碳排放，但也不訝異的是，其中二十三個州是有三成以上的能源仰賴燃煤發電，包含倚賴 80% 以上的西維吉尼亞州、肯德基州、懷俄明

州、印第安那州、密蘇里州與猶他州。因此美國聯邦政府與州政府間仍須溝通協調以達到《氣候變遷執行計畫》的共識。石油與煤相關企業因長期主導美國的經濟產業，在政治上也強於遊說於民間團體和國會間，致使在過去幾十年來對於減碳的政策無法正視，例如美國沒有加入簽署1997年的《京都議定書》，在而後歷屆的國際高峰會議中，朝野反對聲音爭執減碳政策會使經濟萎縮工作減少，使歷任總統皆怯於宣誓對應氣候變遷的政策；另一方面氣候變遷的議題普遍沒有受到民意的支持，直到2006年前副總統高爾所著之《不願面對的真相》一書以影片形式獲得第79屆奧斯卡金像獎最佳紀錄片之後，才又掀起美國社會對氣候變遷的討論與重視。

　　儘管社會中仍有拒絕相信氣候變遷是人為主要影響的結果，各朝野政經學界及民間團體已有普遍共識氣候變遷所帶給社會的影響是不可忽視，例如極端氣候和自然災害更頻繁的發生和更嚴重的災情，因而2008年在歐巴馬當選第一任總統之時，全國民情與朝野對氣候變遷政策的支持可謂水到渠成，加上其個人對議題的認同，一步一步計畫國家走出過去石油與煤的舊時代，轉型至新的能源與經濟模式。

肆、氣候變遷與綠經濟

　　2013年歐巴馬在宣誓就職第二任總統時指出：「美國人有義務為後代子孫的福祉謀利，而氣候變遷不僅影響這世代也影響後代，即使人民對科學的根據沒有完全的共識，但氣候變遷所帶來的颶風、洪水、乾旱、野火等災害是大家有目共睹的，因此我們必須對抗氣候變遷的威脅，不能背叛我們的子孫。雖然以再生能源完全取代化石燃料的路是長遠並艱辛的，但是美國不能抗拒轉型，反之必須領導轉型，

我們不能放棄機會給其他國家去發展會帶來新工作與新產業的新科技；我們必須持續領導國際經濟地位和豐富的資源——森林、水、農產、雪覆的高峰，也就是我們必須以主之名維護我們的星球。」在此宣言中，歐巴馬展現他在氣候變遷政策的決心，以更堅決與更明確的政策，鼓勵與投資再生能源發展與研究之與實踐，同時強調以發展再生能源成為製造「綠能源」以增加「綠工作」來刺激就業市場。

這套「綠經濟」轉型的論述普遍廣受支持，使「綠生意」在短時間內躍升為近十年主要商機，並擴張成「泛綠經濟」的闡述，將「綠」涉及至和保護環境相關產業，或是和綠建築、有機農業、景觀、園藝產業等相關的工作，這些泛綠經濟雖然並不完全和歐巴馬的以乾淨能源做為綠經濟基礎的政策相契，但有助於其他產業的創新與新一套的市場行銷方式，對整體經濟促進有正面影響。作者在此特別提出一點，「綠」經濟並不一定是「永續」的經濟，永續經濟必須兼顧環境保護和社會正義，在美國的綠經濟論述中，因應氣候變遷所造成的影響與減少碳污染是環境保護相關的主要目標，但非全面性環境保護的考量，例如生物多樣性與棲地的保育；而在社會正義方面更是缺乏明顯有利的政策，例如氣候執行政策提到對家庭減少能源使用與降低電費，以及因應對氣候變遷所造成社會的影響，或許間接有利於低收戶入與社會脆弱性高的族群，但是沒有在政策中強調達到社會正義的目標。

目前綠經濟之研究、發展與推動在近幾年是美國經濟轉型的主要趨勢，雖正在進行式當中，其對整體美國的經濟效益與對經濟轉型已有社會影響力。美國聯邦勞工局在 2013 年發佈在 2011 年統計調查的結果，在綠產品和服務相關產業（Green Goods and Services）的工作在短短一年內增加零點一個百分比，已佔到全美工作的 2.6%，相當於一年增加 157,746 個綠工作機會，總綠工作數達到 3,401,279，其

中佔私人企業2.3%的工作額及公部門4.2%的工作機會。在私人企業中，營建業佔了最高的增加比率但製造業擁有最多的綠工作機會。綠工作目前主要是和生產與提供和環境相關與資源保育的產品與服務，包羅萬象，例如包含了資源回收、核能發電、水力發電、公共交通服務、公園等。值得注意的是美國政府是以「泛綠工作」來做為綠工作成長的指標，其中真正對潔淨能源與氣候變遷所帶來的效益，尚未有完整明確的評估報告與學術研究。

伍、結論

美國自二次世界大戰後經濟起飛成為國際經濟的龍頭，卻也是能源使用大國，和溫室氣體排放造成氣候變遷效應的主要國家之一。幾十年來以石化能源為經濟動力的發展模式，對國際氣候變遷契約的長期的保守態度，終究在歐巴馬執政後有顯著的轉變。美國的經濟與能源轉型，從褐色到綠色，是國際氣候變遷政策的壓力加上國內經濟不振下所促成的強心針。綠經濟的論述給予美國經濟結構與各產業，提供一套和當前國際最大的氣候變遷挑戰一個新的動力，從各方面來看，政府與民間是雙贏的策略。例如民間企業主動帶起綠工作網絡連結（例如 www.greenjobs.com、www.greenjobs.net），除了工商業在再生能源方面產業的提升外，也帶動智慧電網、智慧城市、永續農業、環境保護等方面的工作機會，更包含政府部門擴展延攬相關人才以加強公部門的政策推動與實踐。

臺灣近數十年之高能源、高污染石化產業，以及依賴石化燃料發電等經濟結構，已造成人民健康與環境品質的低落；相對的，臺灣人環境保護意識的提高與國際交流與互動的提升，使得氣候變遷議題在

臺灣也有一些共識，應是最佳的轉型時機。此時此刻需要有遠見的領導與改革的決心，如今如何由褐色經濟轉到綠色經濟，政府與民間企業尚未有明確的方針，但是臺灣的環境品質、經濟競爭力、國際地位等已不容怠忽。在 2015 年底全球氣候變遷國際高峰會議所達到國際氣候變遷政策之共識的壓力下，勢必在不久的將來會對臺灣的經濟型態與能源使用造成影響。以美國經濟轉型的經驗顯示，以潔淨能源與因應氣候變遷為前提的綠經濟，有助於迎合經濟、能源與氣候變遷相互影響的政策擬定與推動，促進朝野間對綠工作的創新與推動。臺灣可以美國為借鏡並更進一步促進社會發展，在刺激經濟轉型的同時，更能兼顧環境保護與社會正義，達到著實的永續發展。

參考資料

BLS, 2013, "Green Goods and Services (GGS)." In *Bureau of Labor Statistics*, http://www.bls.gov/ggs/.

EPA, 2015, "Sources of Greenhouse Gas Emissions." In *United States Environmental Protection Agency*, http://www3.epa.gov/climatechange/ghgemissions/sources.html.

EPA, 2016, "Clean Power Plan." In *United States Environmental Protection Agency*, http://www.epa.gov/cleanpowerplan.

Executive Office of the President, 2013, "The President's Climate Action Plan." In *the WHITE HOUSE*, https://www.whitehouse.gov/sites/default/files/image/president27sclimateactionplan.pdf.

U.S. Energy Information Administration, http://www.eia.gov/.

第三部分

能源與
空污

地方空污治理與能源轉型 *

杜文苓

國立政治大學公共行政學系教授暨

臺大社會科學院風險社會與政策研究中心研究員

壹、前言

　　過往，民眾並不清楚濛濛的霧霾充滿危機。但2010年以降，臺灣的空氣品質與空污治理爭議屢次引發社會關注。尤其，沒有工業污染源的南投埔里鎮與嘉義縣市，[1] 與重工業重鎮的高雄市同步懸掛警示意象分明的空污旗，更顯示我國空氣污染情形日趨嚴重，以及空污問題跨越地域的特性。透過長期關注空氣污染課題的公民團體持續耕

---

* 本文多處資料來自作者與臺大社科院風險社會與政策研究中心助理研究員張景儀共同著作的 working paper，讀者可參考杜文苓、張景儀，2016，《THE WORKING PAPER OF PSPRC 2016 久聞不知其毒：台灣空污治理的挑戰》。臺北：臺大社科院風險社會與政策研究中心出版。

1 張茗喧，2014，〈網友記錄空污　埔里入夜變黑丸〉。中央社，http://www.cna.com.tw/news/asoc/201411270324-1.aspx；黃國芳，2015，〈嘉義校園掛空污旗　減少危害〉。中央社，http://www.cna.com.tw/news/aedu/201503230415-1.aspx。

耘與揭露，以及資訊傳播媒體的影響，相關空污治理的科學爭議與困境逐漸地浮上檯面，社會開始關心 PM$_{2.5}$ 與其他危害性空氣污染物對健康的影響。

而在國際間，2015 年中國媒體人柴靜所拍製的紀錄片《穹頂之下》，雖然迅速地被中國官方壓制，但仍廣泛且深刻地喚起一般大眾對於空氣污染的風險意識（杜文苓，2015b）。世界衛生組織（WHO）（World Health Organization, 2013）下的國際癌症研究署（International Agency for Research on Cancer, IARC），特別強調空氣污染與人體健康的相關性。更因空污問題無遠弗屆的特性，成為國際間關注、合作的重要議題。

不過，儘管民眾對於空污問題的敏感度提高，但污染源的判斷、乃至空污治理技術等，卻相當複雜難解。蓋空氣污染常面臨空間、時間不同尺度測量，而有風險曝露差異的問題。例如，交通擁擠的密度、熱點，以及與污染源的距離等，會影響曝露風險。而季節、時間、溫差、地形地勢的變化，甚至科學測量工具等，都會影響數值的掌握。此外，空氣污染中仍有許多難以掌握「該做而未做的科學知識（undone science）」，尤其大氣中，充斥著複合性的空氣污染物，使管制政策的過程中充滿了科學不確定性。例如：單一污染物經由空氣傳播下的光化學反應容易衍生、擴散其他具有危害性的污染物，如揮發性有機化合物（VOCs）便是 PM$_{2.5}$ 的重要前驅物。但我們卻仍對空氣污染物合成效應的風險評估所知有限，致使我們對人體健康與生態系統曝露在多重污染物的損害進展遲緩（Hidy, Brook, Demerjian, Molina, Pennell, & Scheffe, 2011）。

順著這樣的脈絡，本文首先闡述空氣污染特性與科學在釐清與管制污染的角色，並透過近年來受到矚目的南投空氣污染問題，討論我國目前空污治理所面臨的限制與困境，具體地分析沒有大型工業污染源影響的南投縣，如何進入空氣污染爭議的質疑中。同時檢視空污源

頭的科學論述角力，探究管制科學的運作如何掌握空氣品質現狀，而
政府在區域污染特性的掌握上，又出現了什麼問題？最後，本文將進
一步說明能源轉型納入空污治理整體思維中的重要性。

貳、空氣污染特性、科學不確定性與治理問題

　　科學知識的運用與生產是環境規範標準制定的重要基石（Jasanoff
& Wynne, 1998），而空氣良窳界線劃分更需要科學的定義與操作化。
空氣污染問題的評估，與空氣品質的測量等，都需要有科學數據的支
持（Jackson, 1986: 198; Lidskog & Pleijel, 2011）。不管是歐洲地區的
「臨界負荷量（critical loads）」管制概念，或美國法律規範下的涵容
量（assimilative capacity）概念，這兩種相似度極高的管制概念係指
一種科學評估途徑或推估方法，來評價單一污染物或多數污染複合物
對於環境生態、人體健康，以及地區內可以承受來自外部或內部之最
大污染負荷量。

　　不過，空氣污染卻隱含著更為複雜的科學不確定性，使政策過程
的預測排放值與實際檢驗值中間產生極大的落差，也無法如同研究科
學排除其他變因，來準確地預估空氣污染對於人體、生態體系的風
險。這個特性使決策或管制的機構常常無法準確預測，進而排序出個
別污染物的曝露濃度風險，並考量出合理的行政與社會成本來進行管
制行為。

　　Lidskog 與 Pleijel（2011）以歐洲地區管制地面臭氧（ground-level
ozone）的歷史經驗，闡述空污界定的科學不確定性與治理難題。他
們的研究指出，空污相關法律規範的形塑，是科學、社會以及環境三
個領域持續不斷地協商互動的結果。管制法規的訂定，逐漸變成決策
過程內科學家與政治利益者溝通的介面，並成為決策過程中科學與政

治的緩衝地帶。政策決策者考量成本效益或其他政治性因素，但面對科學與時俱進的理解，會與科學家相互討論交涉，這個過程促使歐洲管制臭氧法規科學評估方法論，從簡單毒物曝露濃度、累積濃度到以流量評估的方式，來檢驗農作物曝露在地面臭氧的負面效應等的三次典範轉移。

事實上，歐洲自 1979 年因境內許多國家遭致酸雨污染危害，而共同簽訂《長程跨域越境空氣污染公約》（Convention on Long-range Transboundary Air Pollution, CLRTAP），並在此公約下制定更為豐富多元的管制規章，進行跨域性的空氣污染問題探究與規範（Lidskog & Sundqvist, 2011）；而隨著二次世界大戰核子彈所造成輻射雲飄散事件，以及科學知識、技術的日益更新，人類認識到空氣中的污染物質具有長期運輸（long-range）不滅的特性。因此，「空氣污染」打破過往以地形劃分的政治主權範疇，擘劃出新興的政治空間效應跟視野（Lidskog & Sundqvist, 2011）。

迄今，國際空污治理趨勢強調，相關決策需要納入三大元素：行政的協調（administrative coordination）、風險為基準的決策制定（risk-based decision making）、以及課責性（accountability）（Hidy, Brook, Demerjian, Molina, Pennell, & Scheffe, 2011: 3）。這是由於空氣污染物在當代科學的理解下，是一組有共同或交互混雜污染來源或是相同的前驅物，在經過共同的大氣物理與化學反應後會產生刺鼻臭味、能見度下降、物質腐蝕、農作物損害、人體健康危害、氣候變遷等對人類與生態體系的各種負面效應。在上述的科學理解上，似乎難以訂定出絕對安全的曝露劑量。而相關管制層面更涉及許多公共機關，不是單一機關統籌與執行便能夠解決。這類決策顯然應重視複合污染物的空氣品質管理（multipollutant air quality management），並釐清污染物是否對於人體有潛在的風險影響。在此治理架構下的空氣污染管制政策

過程如何設計，也影響科學、政府機關與人民對於曝露多重污染物、個別污染物等風險掌握能力（Hidy, Brook, Demerjian, Molina, Pennell, & Scheffe, 2011）。

　　而檢視我國空氣污染治理過程，也可同樣發現我國空氣污染受到特殊氣候、地形、大氣的光化學反應等，有衍生、擴散、累積的不對稱分配特性。同時，我國空氣污染指標多軌制問題、健康風險評估的標準法規或其他相關法制尚未建置完全情況下，一般公民團體或公眾皆難以瞭解經濟開發行為背後的負面成本。而最能夠代表上述科學不確定性而遲滯管制的案例，即是盤踞在我國中南部龐大石化廠區所排放的 VOCs 問題。迄今，行政機關仍無法掌握 VOCs 的排放數值，更無法有效減輕雲林地區的環境負荷與健康風險（杜文苓，2015a；張景儀，2013）。

參、沒有工業的空污重鎮：南投空污的科學辯證

　　即便空氣污染物質的排放量無法掌握，但雲林的空污來源似乎不難解釋，相較之下，向來被視為有好山好水的南投，境內並沒有大型污染工業，何以空氣品質卻在全國排名後段班？其污染物質究竟從何而來？2014 年 11 月，網友在「零時政府的 $PM_{2.5}$ 空污圖」上發現，代表 $PM_{2.5}$ 濃度高的黑丸，中午以前於雲林縣產生，中午後濃度下降，下午一、兩點臺中也冒出黑丸，接著則在下午四點後則從彰、雲、投交界冒出來，並不斷擴大，而入夜後南投地區籠罩一團黑丸之中。[2] 這個根據環保署所公告的 $PM_{2.5}$ 即時監測數值所做成的圖像化記

2　生活中心，2014，〈毛骨悚然！網友空污實紀錄　為何南投入夜總出現大黑丸〉。三立新聞，http://www.setn.com/News.aspx?NewsID=50000。

錄顯示，中南部地區在冬季時分幾乎都被高濃度的 $PM_{2.5}$ 污染物所吞噬，但沒有工業的南投地區，其空污狀況卻與境內有重度排放源的雲林、臺中相去不遠，實令人感到意外與不解。

我們嘗試整理環保署公告的政府監測報告（如附錄所示）來瞭解南投的空氣污染現況問題。簡單的描述性數值告訴我們，臺灣空氣污染分佈不均，且地區排放量與污染濃度不一定對照的起來。舉例而言，北部空品區的排放量數字最多（16,031 噸／年），但空氣的污染濃度24.0 μg/m3 卻遠低於我國其他行政區。把焦點放到南投縣，其年排放量為 1,990 噸，但年平均濃度高達30.2 μg/m3；嘉義市的嘉義測站頂多測量到449 噸／年，但是年平均濃度卻是高達33.5 μg/m3。從表觀之，即便桃園地區 $PM_{2.5}$ 排放量為南投地區的三倍，南投與嘉義的空氣污染濃度卻遠高於北部空品區中濃度最高的桃園地區。若依照簡單、直線的實驗室科學邏輯來看，污染排放量應與濃度成正比關係，不過，現實的數值卻顯示，北部空品區排放量最多，但污染濃度居高的卻是中南部的南投與嘉義地區。

環保署對於南投的「黑丸」問題，解釋「南投因為盆地地形及冬天擴散較差影響，導致污染物會在南投一帶不停打轉，而埔里晚上確實會比較差」，但對於污染源來自哪裡並無多做說明（環保署，2013）。我們蒐集相關次級資料與訪談相關領域專家，[3] 得到進一步的資訊是，空氣污染受到我國季風變遷的風速風向、氣候變化、地形地貌等影響，使得污染物積累在中南部轄區不易飄散。緊鄰南投縣的中央山脈，在冬季東北季風的吹拂下，成為積累空氣污染能量的屏障，加上南投本身係屬盆地地形，空氣難以飄散與對流。雖然南投本身沒有大型污染源，四周卻被中彰雲工業區所包圍，冬季時位於大臺中地

3　此詢問並未有相關逐字稿紀錄。

區的下風處，空氣污染物主要來自臺中地區及污染源大宗的臺中火力發電廠，順著東北季風勢吹進埔里盆地；在夏季時，儘管有熱對流吹散污染物的可能，但在西南風的不斷吹拂下，卻可能將雲林地區的空氣污染吹進南投地區，造成空氣污染濃度積累。在這個地理與風向條件下，南投區域整年度都有被周圍縣市的大型污染源吞噬的可能。

　　然而，上述空氣污染情境的推測可能是眾多模擬假說的一環。中央政府空氣污染監測報告，[4] 顯示各個區域的排放數字與一般的社會運作認知有所落差。舉例而言，行業別欄位是展示出家庭行業排放量幾乎佔各縣市的大宗，這並無法真實地對應與體現各縣市轄區內實際產業運作與移動交通污染的狀況。要從這些有限的空污數值釐清排放量與境內濃度之間的科學因果關係，自然難上加難，如何詮釋也頗多爭議。經濟部即提出「國內 $PM_{2.5}$ 排放前三名是：地表揚塵、公路運輸、農業活動，工業佔9.6%、電力佔4%」[5] 來回應社會大眾對於工業污染源的指責時，但環保署則發佈新聞稿提出相左的看法。[6]

　　上述空污解讀爭議顯示，政府似乎尚未掌握空氣污染背後複雜的科學不確定性與跨域性的特點。如同前述文獻的指引，空氣污染隱含著一連串高度複雜的大氣化學反應，污染物可能來自共同或交互混雜

4　表格內容的資料來源是來自於環保署所公告的 TEDs8.1 本排放清冊的資料、環保署2013年度空氣品質年報、環保署2013年空氣污染防制總檢討。當中科學數字極多，本文僅擷取各空品區、縣市地區與行業別的排放量與濃度等，並於2015/4/27 初稿整理完成。若環保署所公告資料亦有更新，此表格亦會後續更新。

5　經濟部在官方臉書所張貼的圖表資料來自於環保署所公告的 TEDs8.1 版排放清冊的資料。

6　賴品瑀，2015，〈$PM_{2.5}$ 誰排最多？環署打臉經濟部　公佈各類污染源排放量〉。環境資訊中心，http://e-info.org.tw/node/107035；張茗喧，2015，〈環署：$PM_{2.5}$ 排放　工業佔23%〉。中央社，http://www.cna.com.tw/news/aedu/201504280189-1.aspx

的排放源、由相同的前驅物衍生，共同引發人類與生態體系的負面效應，因此很難以線性的排放與管控思維來看待空氣污染問題。

官方監測資料、行政回應與既有的科學數據尚未能夠回答南投的空污問題，但是在地民眾根據自身的感官與生活經驗，早已發現空污的存在：

南投當地自救會的成員表示：

> 「以前對 $PM_{2.5}$ 不瞭解，我們的山看起來濛濛的，大家都以為那是朦朧美，後來才發現這是我們最容易看出來空氣污染的情況，後來我們就用拍照觀察。本來我們家是可以看到山，可是我們發現只要 $PM_{2.5}$ 大於60就看不到了。埔里是盆地，我們是離山很近的，可是 $PM_{2.5}$ 卻可以讓我們看不到那座山，而且還是好天氣。」（受訪者 F）

南投居民不僅運用最初淺的能見度觀察方式來體察空氣污染問題，也積極尋找南投嚴重空污的肇因，並針對地方政府委外所做的科學監測報告提出反駁：

> 「南投縣環保局委託○○大學做了一份報告，……他說檢測到的污染源大部分來自交通，這份報告的檢測時間點只到 4 月中旬，它沒有在我們空氣最不好的時候來檢測（在居民的長期觀察中，大概在 10 月至隔年的 4 月是空氣最糟的時候）。……衍生性的東西，○○大學無法判斷到底是中火還是六輕衍生的。這個採樣是一個大哉問，他們目前的技術還不到那裡。

　　○○○教授看過他的報告之後也提出質疑，他說他都不
是在紫爆的時間進來採樣的，（報告的）○○○教授在會議
上也有說到，其實很多學生進來採樣三天就走了，他們也不
知道該去哪裡採樣，所以他也希望當地可以給他資訊，讓他
知道該去哪裡採樣。……自救會成員對這個問題（交通移動
污染源）也曾經提出過質疑，如果說是污染是來自交通，但
我們（長期觀察到）10 點到（下午）2 點這段時間的污染其
實是往下跑的，（下午）2 點之後往上跑，午夜 12 點達到高
峰，大家想想看，（午夜）12 點的時候會有多少車子，會有
多少餐飲業排放油煙？」（受訪者 F）

　　居民長期觀察細緻地點出了管制科學在制度運作的兩大缺失。首
先，政府的空污基礎監測科學資訊，其採樣時間脫離民眾長期感知所
認為的「正確」時段，導致所生產的數據值難以反映在地民眾生活經
驗理解與感知；而對其空污數值的詮釋（如 $PM_{2.5}$ 高是因為汽機車排
放），更脫離社會運作常識（民眾反問路行車輛會在夜晚增加嗎？）。
這些質問，突顯了管制科學與真實社會運作合產（co-production）的
必要性（Jasanoff & Wynne, 1998; Lidskog & Sundqvist, 2011）。其二，
南投埔里的空氣監測佈點不足，也缺乏長期採樣監測數據、背景值的
比對。這驗證了管制科學的生產，受到包括時間、行政成本與科學能
力的侷限，而可能生產出可能簡化而扭曲的數值（杜文苓，2015a）。
同時也顯示出管制科學經常處在既有研究科學邊緣，在空氣污染特
性、生態環境與社會的脈絡性三者交叉作用的特質下，看似科學方法
所得的研究結果，反而充滿爭議而無法獲得民眾的認同。

　　面對霧濛濛的天空與空氣品質數據不良的影響，南投縣政府於
2015 年成立了「南投縣空氣污染減量工作小組」。此工作小組的工作

聚焦在對空污的持續監控，追蹤南投境內固定污染源列管的工廠，並
到各局處共同辦理空污防制措施，如禁止焚燒金紙與農業廢棄物、降
低機汽車怠速問題、以及升降空污旗警示等，著眼於境內的防護、監
測與管制措施（南投縣，2015）。

　　不過，環保署（2014）公告的資料也印證，南投的空氣污染來源
大多來自於行政區域外。南投的空污現象似乎說明了，隨著季風吹拂
的更替，冬日有來自於北方的臺中（尤其是火力發電廠）的污染物，
夏日的季風則吹來盤據雲林六輕的空氣污染物，最後因地形地貌的影
響，沉降在擴散條件不佳的埔里盆地。這顯示了空氣污染擴散與跨域
的特性，結合著包括地形、地貌與氣候等多重因素的影響，甚至會呈
現出污染排放量與濃度測值不成比例的弔詭現象，而使空污問題確認
與釐清常有科學不確定性的問題，並深刻地影響制度與管制上的治理
難度。

　　的確，面對轄區外的污染物管控，南投地方政府可能沒有什麼置
喙空間，而只能依循中央與地方分權自治的分際，在傳統管制行政
架構下向中央匯報，要求進行中部空品區的總量管制。[7] 而在缺乏堅
實研究與科學論證的指引下，地方政府沒能在空污跨域治理需求處理
問題，終究無法因應飄散不定的空氣污染，進行有效課責（王瑞庚，
2015）。

　　不過，當管制問題回歸到中央層級時，我們卻也無法過度樂觀的
認為空污治理可以打破行政疆界。臺灣的經驗顯示，空污相關規範的
落實，在各部門的角力下，常無法順利推展而充滿妥協意味。以空氣
污染總量管制政策為例，早在 1999 年通過的《空氣污染防制法》就

7　扶小萍，2014，〈埔里空氣品質不差　問題出在盆地環境〉。今日新聞，
　　http://www.nownews.com/n/2014/11/20/1514473。

已有各區總量管制的要求，然而，這個規定伴隨著需要經濟部的會同
訂定而延宕多年。直至2015年，高高屏地區才開始施展臺灣第一例
的總量管制計畫（朱淑娟，2015b）。

肆、空污治理與能源轉型

透過南投的空污謎團，我們可以看到空氣污染所挾帶的複雜跨域
治理議題，以及管制科學與科學不確定性等問題，在傳統分權的制度
與資訊不透明的狀況下，都可能會簡化、片面、甚至扭曲呈現我國空
氣污染的問題核心，影響政府部門空污數據的解讀與詮釋，而無法提
供對症下藥的管制策略。

面對中南部民眾對於空污的疑慮與要求政府減低 $PM_{2.5}$ 污染的壓
力，環保署承諾將具體研擬各空氣品質防制區，包含中部、雲嘉南及
高屏減量工作，推動每年至少削減5%的排放量。並將在污染源嚴重
地方，增加行動監測車檢測頻率，也會針對中南部縣市禁止大污染源
使用生煤與石油焦等燃料提出檢討報告。[8] 針對南投部分，環保署更
說明，其空污問題的解決必須同時推動區域污染減量工作，並應「持
續檢討加嚴空氣污染排放標準及推動減量方案，強化對臺中火力發電
廠、中龍鋼鐵、中部科學園區等區域內重大污染之空氣污染物減量工
作……；同時推動禁止露天燃燒農業廢棄物，降低粒狀污染物排放、
減燒紙錢及避免大量燃放鞭炮，避免造成區域空氣品質不良情形發

8　江俊亮，2015，〈防制中部及雲嘉南 $PM_{2.5}$ 公聽會〉。中央通訊社，https://tw.news.
　　yahoo.com/%E9%98%B2%E5%88 B6%E4%B8%AD%E9%83%A8%E5%
　　8F%8A%E9%9B%B2%E5%98%89%E5%8D%97pm2-5%E5%85%AC%E8%
　　81%BD%E6%9C%83-112944966.html 。

生……定期督導空氣污染減量之改善進度與成效，以有效提升南投地區空氣品質。[9]」

從環保署的聲明中可以看出，即便空污源與健康損害效應尚未能精確計算，要解決中南部的空污問題，發展低碳城鄉策略應該是釜底抽薪之道。但低碳城市的允諾不應只是紙上談兵的擘畫願景，而應在充分掌握污染事實，發展出具體可行的政策路徑圖。

舉例而言，政府有無準確掌握區域內各產業部門的空污與碳排放量的數值能力，進而發展管制優先順序與補貼檢討之方案目標？以美國紐約市與波士頓為例，空污減量是蘊含在都市的永續計畫中，結合科學、綠色空間、交通、供水、住宅與社區等各面向的思考，在設定減量目標後（如紐約設定2017年減少30％溫室氣體排放），市政府即投資環境與能源管理軟體，追蹤超過四千棟建築物瞭解能源使用狀況，並在環境正義原則的指引下，廣佈監測點，從掌握問題、瞭解問題，積極尋找管制優先項目與發展提升能源效率的方案。此外，對於交通部門也提出管制項目，雖未必事事能達願，但市府的用心與決心仍造成改變的趨勢。而波士頓則強調各方利害關係人的參與，為城市因應氣候變遷而發展食物安全、人類健康與弱勢社群照護計畫，以邁向波士頓氣候行動計畫所設定的目標（Tu *et al*, 2015）。

除了地方政府必須確保在其授權範圍內盡最大的努力來降低空污的威脅，中央政府隨著科學知識與時俱進促進管制標準的提升，要求地方政府制訂根據標準訂出執行計畫（State Implementation Plan），地方只准加嚴標準，無法達標者也必須提出具體的改善計畫與期程目

9　行政院地方輿情蒐集與整理，2015，〈埔里人發起反懸浮微粒 $PM_{2.5}$ 空氣污染的抗議遊行〉。中華民國行政院，http://www.ey.gov.tw/pda/News_Content4.aspx?n=3EBFEAD6FB383702&sms=4A7CECFD5899B97D&s=0ACEC825D3893BC4。

標。運用中央空污管制的權責，引領地方改善空氣污染問題，與我國中央政府與地方政府在禁燒生煤與石油焦各唱其調，甚至引發衝突，相當不同。

　　國際經驗顯示，地方空污治理應該放在更大的區域脈絡來看。而嚴格的中央法規標準、科學性的資料收集與分析、厚實的地方調查實證基礎、地方政府政策工具與執行能力建置、善用適當科技進行基礎公共建設的更新與改造等，都是整體空污治理策略的一環。換言之，要進行空污治理，需要有能源轉型的全面性思考，空污減量期程，必須在嚴格的標準指引、豐厚的資料基礎、搭配相關單位各司其職的軟硬體設備轉型，才有向前推進的可能。在空污治理的進程上，我國還持續陷於中央地方法制權責僵局的泥沼，而缺乏宏觀的能源轉型戰略思維。如何於改善空污的同時，為經濟與環境的永續思索佈局，將是新政府無可迴避的課題。

參考文獻

王瑞庚，2015，〈臺灣應針對細懸浮微粒（PM$_{2.5}$）進行跨域治理〉。國立臺灣大學社會科學院風險社會與政策研究中心，http://rsprc.ntu.edu.tw/zh-TW/air-pollution/263-pm2-5-governance，取用日期：2015年7月25日。

朱淑娟，2015b，〈還高雄一口乾淨空氣，空污總量管制終於上路〉。環境報導，http://greennews.tw/index.php/201506/4550，取用日期：2015年6月30日。

杜文苓，2015a，《科技風險與環境治理》。臺北：五南。

杜文苓，2015b，〈石化空污管制困境與社區行動科學的啟發〉。頁102-112，收錄於周桂田主編，《臺灣風險十堂課》。臺北：巨流。

杜文苓、張景儀，2016，《THE WORKING PAPER OF RSPRC 2016 久聞不知其毒：台灣空污治理的挑戰》。臺北：臺大社科院風險社會與政策研究中心出版。

南投縣環保局，2015，〈南投減空氣污染　縣府全面動員〉。國立中興大學，http://www.nchu.edu.tw/news-detail.php?id=33538。

張景儀，2013，〈鑲嵌於管制政策制度的科學政治：以VOCs、PM$_{2.5}$為例〉。臺北：國立政治大學公共行政研究所碩士論文。

環保署，2003，〈中部空品區氣膠、VOC及O$_3$生成、監測及模式驗證子計畫二：有機污染物濃度及臭氧傳輸路徑之模擬與驗證〉。http://www.epa.gov.tw/public/Data/5e4255a2-71ab-43f2-860f-11b1fee9bbb5.pdf。

環保署，2014，〈細懸浮微粒（PM$_{2.5}$）管制計畫〉。http://air.epa.gov.tw/Download/UpFile/2014/%E7%B4%B0%E6%87%B8%E6%B5%AE%E5%BE%AE%E7%B2%92(PM2.5)%E7%AE%A1%E5%88%B6%E8%A8%88%E7%95%AB.pdf。

Hidy, G. M., J. R. Brook, K. L. Demerjian, L. T. Molina, W. T. Pennell, & R. D. Scheffe, 2011, *Technical challenges of multipollutant air quality management*. Dordrecht: Springer Science+Business Media.

Jackson, T., 1986, *Material Concerns: Pollution, Profit, and Quality of Life.* Routledge.

Jasanoff, S. & Wynne, B., 1998, "Science and decision-making." In *Human Choice and Climate Change*, Vol.1, edited by Steve Rayner, Elizabeth L. Malone. Ohio: Battelle Press.

Lidskog, R. & G. Sundqvist, 2011, "Transboubdary air pollution policy in transition" In *Governing the Air*, edited by Rolf Lidskog & Göran Sundqvist. London: The MIT Press.

Lidskog, R. & H. Pleijel, 2011, "Co-producing policy-relevant science and science-based policy: the case of regulating ground-level ozone" In *Governing the Air*, edited by Rolf Lidskog & Göran Sundqvist. London: The MIT Press.

Tu, W-L., J. Hsu, & C-H. Chen, 2015, *Catalyzing Cleaner Air in Cities: Scoping Report on City Certification, Indexes, and Plans for Clean Air Asia*. Washington DC: Woodrow Wilson Center's China Environment Forum.

WHO, 2013, Outdoor air pollution a leading environmental cause of cancer deaths, http://www.euro.who.int/en/health-topics/environment-and-health/urban-health/news/news/2013/10/outdoor-air-pollution-a-leading-environmental-cause-of-cancer-deaths (2015/08/26).

附錄：我國 PM$_{2.5}$ 空氣污染物的現況：以行政區、空品區來說明

空品地區	空品地區 PM$_{2.5}$ 排放量（噸/年）	2013年平均濃度（μg/m3）	行業別記載破千排放量	行政區	行政區 PM$_{2.5}$ 排放量（噸/年）	手動測站名稱	2013年測站年平均濃度值（μg/m3）
北部空品區（共25個測站）	16,031	24.0	家庭4,568 陸上運輸業 3,446 製造業2,615 住宿及餐飲業2,540 營造業1,231	基隆市	891	基隆測站	18.7
				新北市	6,111	汐止測站	20.6
						板橋測站	22.7
				臺北市	2,450	士林測站	18.8
						陽明測站	11.6
						萬華測站	20.7
				桃園市	6,579（TEDS8.1 計載仍是桃園縣）	桃園測站	23.8
竹苗空品區（共6個測站）	5006	26.0	家庭1,172	新竹市	676	新竹測站	23.3
				新竹縣	1,721	竹東測站	20.1
				苗栗縣	2,609	苗栗測站	23.9
						三義測站	22.2
中部空品區（共11個測站）	13,553	31.5	家庭2,379 農漁牧業 2,295 製造業2,254 陸上運輸 2,244 電力燃煤業 1,354 營造業1,234	臺中市	1,645	豐原測站	24.0
						忠明測站	27.4
				臺中縣	6,620		
				彰化縣	3,298	彰化測站	28.2
				南投縣	1,990	南投測站	30.2

空品地區	空品地區PM$_{2.5}$排放量（噸/年）	2013年平均濃度（μg/m3）	行業別記載破千排放量	行政區	行政區PM$_{2.5}$排放量（噸/年）	手動測站名稱	2013年測站年平均濃度值（μg/m3）
雲嘉南空品區（共11個測站）	12,214	34.2	家庭2,647 農漁牧業2,267 製造業2,250 陸上運輸2,095 營造業1,230	雲林縣	3,311	斗六測站	34.0
				嘉義市	449	嘉義測站	33.5
				嘉義縣	2,463	子測站	29.4
				臺南市	1,199	新營測站	31.5
						臺南測站	30.8
				臺南縣	4,791		
高屏高品區（共15個測站）	14,008	35.8	製造業3,908 家庭2,879 陸上運輸2,313 基本金屬製造業2,126 農漁牧業1,613 住宿餐飲業1,022	高雄市	5,708	美濃測站	28.2
						前金測站	33.2
				高雄縣	5,032		
				屏東縣	3,268	屏東測站	33.6
						恆春測站	9.7
花東空品區（共3個測站）	7131	15.3	礦業砂石業2,856 農漁牧業1,010	花蓮縣	4,995	花蓮測站	13.1
				臺東縣	2,136	臺東測站	10.9
宜蘭空品區（共2個測站）	2613	18.9	無超過之行業別	宜蘭縣	2,613	宜蘭測站	15.3

資料來源：環保署2013年度空氣品質年報、環保署2013年空氣污染防制總檢討、TEDS排放清冊8.1，本文整理。

📖 第 7 講

禁燒生煤之風險治理

周桂田
國立臺灣大學國家發展研究所教授暨
臺大社會科學院風險社會與政策研究中心主任

林木興
臺大社會科學院風險社會與政策研究中心博士生助理

壹、前言

　　煤炭之減少投資與限制使用的浪潮方興未艾，東亞國家包括臺灣應加以回應。雖然煤炭是在21世紀最廣泛使用的能源，但是它的普及導致全球難以發展低碳經濟（Ethics Commission on a Safe Energy Supply, 2011），因此除了「化石燃料撤資運動」（Fossil Fuel Divestment Campaign），[1] 也有燃煤電廠除役的風潮，英國政府宣佈於2025年關閉所有燃煤電廠，並提早於2023年限制使用，[2] 而加拿大

1　化石燃料撤資運動，由國際非營利組織350.org 的 Fossil Free 計畫所倡議，該計畫並提供撤資金額與機構之統計資料。FOSSIL FREE。http://gofossilfree. org/commitments，取用日期：2016 年 1 月 11 日。

2　英國政府，2015，新聞稿。https://www.gov.uk/government/news/government-announces-plans-to-close-coal-power-stations-by-2025，取用日期：2016 年 1 月 11 日。

安大略省在「巴黎氣候會議」（COP21）之前，在2014年率先於北美其他地方，將所有燃煤電廠除役，[3] 並於2015年制訂《為更清潔空氣而終結煤炭法（*Ending Coal for Cleaner Air Act*）》。反觀中國在2014年是全世界煤炭生產與燃煤發電的第一名，兩者分別佔全世界煤炭總生產量與總燃煤發電量的46%（IEA, 2015）。而日本、韓國、臺灣等東亞國家皆位於中國的下風處，中國燃煤所產生的空氣污染已是長久以來跨界的區域風險。[4] 因此**禁燒生煤的議題亦可以置於東亞區域環境風險治理的脈絡中討論，而本文的重點先放在臺灣內國禁燒生煤的討論。**

臺灣對於煤炭的使用由中央政府授權地方政府，以核發許可的方式進行管制，而近年使用量並未有明顯減少的趨勢。《空氣污染防制法》明訂：「販賣或使用生煤、石油焦或其他易致空氣污染之物質者，應先檢具有關資料，向直轄市、縣（市）主管機關申請，經審查合格核發許可證後，始得為之」。此外，臺灣煤炭進口數量，除2009年可能因為金融風暴影響的進口量為5,863萬公噸之外，自2004年以來進口量均在6,000萬公噸以上，總量上而言並無明顯變動或減少的趨勢（能源局，2015）。

換句話說，即使國際上早已針對煤炭或生煤進行減少或禁止使用，但由於臺灣在能源結構轉型遲滯，**即使生煤早已是法定的易致空氣污染物質，中央政府在管制面上遲遲無法跟進。**比照經濟合作暨發展組織（Organization for Economic Co-operation and Development, OECD）環境政策嚴格度之量化指標（Botta *et al.*, 2014），臺灣對於

3　加拿大安大略省檔案。http://www.energy.gov.on.ca/en/archive/the-end-of-coal/，取用日期：2016年1月11日。

4　南方朔，2015，〈台灣應倡議「東亞污染論壇」〉。自由時報電子報，http://news.ltn.com.tw/news/focus/paper/944066，取用日期：2016年1月20日。

新建之燃煤電廠之氮氧化物、硫氧化物等污染排放物，訂定相當於量化指標最高等級的排放標準，但是對於舊有燃煤電廠容易產生的懸浮微粒 PM_{10} 的管制相對寬鬆。另外，無論是台灣電力公司或是民間的舊有燃煤電廠仍有使用生煤或傳統燃煤技術的情況，導致生產出污染程度高、發電效率低的褐電，亦即中央政府在標準制訂、能源替代、技術替代上明顯行政怠惰，此顯示我國的管制政策不夠嚴格之外。亦突顯國家遲滯與隱匿風險的管制模式與文化（周桂田，2007）。

這麼重要的環境健康風險議題，直到2015年地方政府相繼研擬或訂定禁燒生煤自治條例才被顯露出來。並且，這並非環境抗爭中單一的主軸議題，而是被包裹在複合性的風險運動論述之中，並連結到能源轉型議題，才引發全國民眾的關注。事實上，在這之前，已經有無數的學術研究指出燃煤產生空氣污染對民眾健康風險威脅的嚴重性，此部分會在第參部分引介。

地方政府相繼訂定或擬定禁燒生煤之自治條例，但是環保署已認定雲林縣政府之自治條例無效。雲林縣議會已於2015年5月15日通過《雲林縣工商廠場禁止使用生煤及石油焦自治條例》，自同年6月10日發佈日生效，並送中央主管機關備查。然而，行政院環保署於同年9月8日發佈新聞稿表示，該自治條例因牴觸《地方制度法》第25條及《空氣污染法制法》第28條規定，應屬無效。

禁燒生煤之風險治理的面向，包括空氣污染管制與能源戰略佈局。禁燒生煤之自治條例顯明中央與地方政府在環境或能源之專業法律上的權限劃分爭議問題，而且於此次環境運動中，環保署、能源局與民間引發對燃煤的環境健康相關風險管制之管制科學、公民倡議與複合性的風險溝通策略等討論，都顯示臺灣處於能源轉型的過渡階段，而禁燒生煤隨之而來的風險，也突顯其風險治理面向不只涉及空氣污染防制，也應該包括能源替代、產業轉型等能源轉型規劃。

　　本文擬採用風險治理與管制科學理論，並以雲林縣禁燒生煤與石油焦的政治倡議為案例進行探討。以下首先介紹風險治理相關理論，其次引述生煤使用與禁用之相關研究科學或風險評估，並進一步觀察非國家行動者或是公民在此政策倡議中的策略發展與知識生產，如何由地方社會對抗長久以來由上而下地將經濟發展優先於環境保護的「國家統合主義」（state corporatism）與不合時宜的「管制科學」（regulatory science），分析從地方政府到中央政府的風險溝通過程，以便最後對於禁燒生煤之風險治理進行不同面向的分析。

貳、風險治理與管制科學之理論依據

　　本文所採用風險治理與管制科學的理論引介如下。

一、風險治理的內涵

　　歐盟在2002年訂定「科學與社會行動綱領」（Science and Society Action Plan），係以風險治理做為決策的基本原則與規範，而在進行具有爭議的科技管制時，須採取以下方法，包括「風險評估」（risk assessment）、「風險管理」（risk management）及「風險溝通」（risk communication）（周桂田，2007）。對於以上提及風險治理的三個內涵，歐盟在《一般食品法》（Regulation (EC) No 178/2002）之中進一步加以定義：[5]

5　MacMaoláin（2015）指出：歐盟《食品法》之中的預防原則係源自《環境法》。

（一）風險評估：係指以科學為基礎的程序之下，進行危害辨識、危害特徵化、暴露評估及風險特徵化。

（二）風險管理：係指不同於風險評估的過程，在諮詢利益團體之後權衡所有的政策替代方案，並考慮風險評估或其他合法的因子，如果需要時，選擇適當的預防或管制措施。

（三）風險溝通：係指在關於危害及風險、風險相關因子、「風險感知」（risk perceptions）的風險分析程序下，在風險評估者、風險管理者、學術團體、其他利益團體或利害關係人，對於風險評估發現的闡釋及對於風險管理決定的基礎，相互交換訊息及意見。

二、管制科學的內涵

Jasanoff（1990）在《第五部門（*The Fifth Branch*）》一書中指出，管制科學係指用以使用在政策制訂當中的科學，其包含三種活動，分別是「知識生產」（knowledge production）、「知識合成」（knowledge synthesis）、「預測」（prediction），簡述如下：

（一）知識生產：係指用以填補管制所需知識基礎的研究，可能由管制機關自行或是委託，也可能是在一般的學術研究中被進行。

（二）知識合成：例如評估、範疇界定與相關研究成果整合等科學活動，相較於開放性與原創性的「研究科學」（research science），以上的活動在管制科學中更為重要，不像研究科學注重同儕審查與論文出版。

（三）預測：涉及不確定性與行政裁量權，係決策所使用的管制科學，其科學基礎不如研究科學嚴謹，因此研究科學與管制科學脈絡上的差異，形塑並限制管制科學合法性的公共感知。

參、生煤使用與禁用之風險評估

依據能源發展綱領（2012），能源發展的目標為建構安全穩定、效　運用、潔淨環境之能源供需系統。而**禁燒生煤的議題，涉及生煤的使用難以潔淨環境與效率運用、生煤的禁用也可能危害「能源安全」**（energy security），以下分別引介有關生煤使用的環境健康風險及其禁用的能源替代風險之相關文獻。

一、生煤使用的環境健康風險

依據生煤、石油焦或其他易致空氣污染之物質販賣或使用許可證管理辦法，生煤係指未經煉製且固定碳及揮發分含量之比為四以下之一切煤炭，亦即包含臺灣煤炭進口項目中的「煙煤」與「亞煙煤」，燃燒之後的環境健康影響高於另一個項目的「無煙煤」，相關風險評估簡介如下。當雲林地區發生空氣品質不良事件日時，細懸浮微粒（$PM_{2.5}$）質量濃度增加1.6倍，且 $PM_{2.5}$ 中重金屬砷的平均濃度亦超過歐盟標準，而 $PM_{2.5}$ **的最大金屬污染排放源為燃煤電廠**（Chen *et al.*, 2015）。另一個場域也在臺灣中部的公共衛生研究結論也顯示，懸浮微粒（PM10）所含鉛、釩、砷等七種具有最高毒性重金屬之主要排放來源為燃煤電廠與交通相關排放，而 $PM_{2.5}$ **所含重金屬之主要排放來源為燃煤電廠**（Hsu *et al.*, 2015）。其中石化業與燃煤電廠均會排放的重金屬「釩」（V）會引發血癌與肺癌等危害，學界已針對該污染物在六輕工業區建立空氣污染與人口暴露之間的關連性，亦即此為**針對特定污染物的暴露評估，嘗試將生煤的環境健康風險特徵化，可以做為風險評估的基礎研究**（Chio *et al.*, 2014）。

二、生煤禁用的能源替代風險

　　燃煤為臺灣發電最大的類別，因此生煤禁用須有替代能源的配套措施，決策之前應進行技術可行性分析與社會成本效益分析，並訂定能源替代的時間表。依據台灣電力公司統計，臺灣於2014年燃煤發電佔總發電量的37.6%，燃煤發電不只是火力發電中的最大佔比，也是各種發電類別的最大佔比，其次是佔比32.4%的燃氣與18.6%的核能。[6] 而臺灣以政策環境影響評估的方式，系統性對於替代能源進行風險評估，並提出政策評估說明書，例如**經濟部能源局於2015年11月研擬《能源開發政策評估說明書》，並提及燃煤發電的技術可行性分析**，其中的技術選項除傳統燃煤技術之外，將「超超臨界（ultra-supercritical）流體燃煤技術」、「超臨界流體燃煤技術」納入替代方案中的情境規劃，但是並不包括「氣化複循環發電系統」（Integrated Gasification Combined Cycle, IGCC）[7]、「碳捕捉與儲存」（Carbon Capture and Storage, CCS），而 IGCC 包括煤炭氣化程序、CCS 技術及相關規範未成熟。再者，該評估書第四章為〈政策方案分析〉，評估項目包括社經面向，於子項目可負擔成本之中僅評估發電成本，並未包括相關電廠除役之後的廢棄物處理成本，例如核廢料的處理成本，也未進行社會成本效益分析。

　　有關社會成本效益，**Shindell（2015）利用環境影響的社會評估理論，研究並建立「大氣排放的社會成本」（Social Cost of**

6　台灣電力公司。歷年發電量佔比。台灣電力公司，http://www.taipower.com.tw/content/new_info/new_info-c37.aspx?LinkID=13，取用日期：2016年1月18日。

7　能源局，2007，〈高效率低污染淨煤發電技術——IGCC〉。《能源報導》8月，http://energymonthly.tier.org.tw/outdatecontent.asp?ReportIssue=200708&Page=5，取用日期：2016年1月18日。

Atmospheric Release, SCAR）**之計算模型**，其中影響成本的因素包括空氣品質與氣候變遷的健康影響，後者氣候變遷的健康影響並涵蓋氣膠所引起的水力循環改變，研究發現不同發電類別的社會成本效益，其中燃煤的「發電成本及環境損害」大於其他發電類別，例如燃氣、核能、太陽光電與風力。另外，以燃氣替代燃煤會面臨天然氣運送安全及供應安全的問題，而其他的替代發電也都會遭遇到環境影響評估程序冗長的問題，導致替代能源方案的緩不濟急（能源局，2015），煤炭氣化程序是否可以解決天然氣運送安全及供應安全的問題，值得探究。**此外，較少被社會論述、或《能源開發政策評估說明書》未提及之技術可行性，例如「廢氣處理技術」及其與新興燃煤技術之技術整合：**新興燃煤技術可以提高燃燒效率、或是減少硫氧化物或氮氧化物之排放，卻仍然面臨廢氣中的重金屬污染防制問題。

肆、禁燒生煤之風險溝通

以上概略檢視生煤使用或禁用風險評估，該評估之風險知識不見得出現在實際的風險溝通當中，在此以中部六縣市禁燒燒生煤與石油焦的政治倡議為例，描述該倡議之中的風險溝通情境。其中，以雲林縣為主要的觀察對象，因為雲林縣設置有台塑石化股份有限公司的汽電共生廠與火力發電廠以生煤為燃料外，雲林縣也是第一個通過相關禁用生煤自治條例的地方政府，不論是生煤使用量或是立法效率，都具有指標性的意義。以下就利害關係人的區分、風險管理（制）時間點的區分、溝通層次的區分，分別加以論述。

一、風險評估與溝通的重要性

Renn（2008）提及「風險爭議」的三個層次，分別為知識與專家、國家處理風險的職能、價值與世界觀點，並一一地闡述溝通方法及其評估標準。以下採用風險爭議三層次架構並以雲林縣禁燒生煤之政治倡議為例加以論述。

（一）知識與專家：**第一層次的爭議為事實基礎的科學爭議，亦即風險評估的爭議，並需要確保資訊已傳遞予公眾。**於此，地方環境團體、流行病學者、攝影家、博物館擔任資訊傳遞的角色，將資訊傳散到鄉鎮、都市甚至全國，以吸引跨越縣市等地域之公眾的注意，而該風險知識的框架在於環境健康風險評估。

（二）國家處理風險的職能：**第二層次的爭議為利益與風險的分配，著重風險管理機關與利害關係人和公眾的對話，並建立風險管理機關的公信力。**除地方政府委託進行流行病學研究、協助中央政府設置空氣品質監測站之外，地方政府行政機關與立法機關回應地方鄉親的期待，分別提出與通過自治條例，法案類型包括禁燒生煤與加嚴電力設施空氣污染物排放標準，並設置相關空氣污染防制委員會邀請環保團體與公眾參與，也與其他縣市進行區域治理。

（三）價值與世界觀點：**第三層次的爭議為不同社會價值與生活形態對於風險管理的衝擊，此層次的爭議強度與複雜程度最高，並受限於前兩個層次的科學證據不足與國家能力的缺乏。**禁燒生煤議題不只涉及污染防制的面向，也涉及氣候變遷減緩的減少碳排放面向、能源轉型的替代能源面向，影響的利害關係人眾多，須有多元的利害關係人出現在對話或協調的場域。而禁燒生煤的政治倡議中，顯明的利害關係人有國家行動者，例如分別職掌污染防制的環保署、能源管理的經濟部、污染預警的地方政府、配合燃煤電廠降低負載的臺灣電力

公司，還有以下一段所提及的非國家行動者。此外，雲林縣政府除了邀集專家學者審核最新的生煤使用許可之申請之外，也已訂定禁燒生煤之自治條例，嘗試合法化禁燒生煤的行政作為，並強制生煤使用者遵守。

二、利害關係人的區分

利害關係人可以概略區分為國家行動者與非國家行動者，國家行動者為中央政府或地方政府，而以下說明非國家行動者。**在國際制度的發展與完備當中、在私人與混合治理安排之新形式的興起當中，非國家行動者扮演「解決全球環境問題」的角色**（Bulkeley & Schroeder, 2011）。在此政治倡議中有不同類型的非國家行動者，例如雲林縣居民、彰化縣居民、雲林縣地方環保團體、全國性環保團體、臺灣大學公共衛生學院、國立自然科學博物館，並一一簡要說明如下：

（一）地方居民：雲林縣與彰化縣的部分居民，對於台塑六輕造成的空氣污染首當其衝，然而對於空氣污染的原因與其影響可能後知後覺，需要藉由環境團體或是學界的政治倡議或是環境教育而得知危害為何。

（二）環保團體：環保團體打破新聞傳播的地域性，以創辦網路媒體的形式進行倡議，其中電子報《自從六輕來了》編輯吳松霖曾在東勢、口湖、台西等鄉鎮辦六輕環境影響說明會，[8] 該報並與FM105.7姊妹電台合作，舉辦談話性節目並邀請醫生、學者、環保團

8　陳怡靜，2014，〈六輕來了！被汙染不只環境　還有人心！麥寮人心痛〉。中時電子報，http://www.chinatimes.com/newspapers/20141110000379-260102，取用日期：2016年1月19日。

體、在地居民、六輕員工參與，以擴大對於空氣污染防制的社會論述並提升公眾的風險感知。[9] 另外，全國性環保團體一起行動，於2015年6月6日串連各地環保團體共同於臺灣各地舉行「606　反空污全臺遊行」，[10] 此種倡議因為涉及兒童呼吸道健康，引起公眾廣泛性地關注，因而此倡議不只是環保團體為領導的環境運動，也衍生為中產階級為主體的環境運動。此外，環保團體除了遊說2014年的縣長候選人之外，也請2016年立法委員候選人簽署《改善空氣品質簽署承諾書》，以促使當選人推動空氣污染防制之相關立法與修法，並同時引起選民的關注。

（三）學術界：臺灣大學公共衛生學院詹長權教授先後接受雲林縣政府與國家衛生研究院的研究委託，分別針對雲林縣與彰化縣的部分社區居民，調查與居民健康相關的流行病學，其後該團隊並接受雲林縣政府委託，針對國小學童進行調查。[11] 研究結果發現居民尿液中的重金屬含量偏高，顯示居民的肺、腎、肝可能受到影響。另外，研究並發現台塑六輕方圓20公里內的空氣含大量致癌物，只要南風吹起，其中位於迎風面的彰化縣大城鄉台西村首當其衝，其空氣中的鎳含量是其他風向的4.5倍，苯則有2倍，為空氣污染跨域的適例。

9　自從六輕來了（部落格），http://fpccgoaway.blogspot.tw，取用日期：2016年1月19日。

10　公民行動影音記錄資料庫，2015，〈606　反空污全台遊行資訊彙整〉。公民行動影音紀錄資料庫，http://www.civilmedia.tw/archives/31735，取用日期：2016年1月19日。

11　國家衛生研究院　國家環境毒物研究中心，2014，〈六輕事件簡要報告〉。國家環境毒物研究中心，http://nehrc.nhri.org.tw/toxic/news.php?cat=news&id=187，取用日期：2016年1月19日。顏宏駿，2015，〈彰化台西村　六輕毒害更甚麥寮〉。自由時報電子報，http://news.ltn.com.tw/news/life/breakingnews/ 1284155，取用日期：2016年1月19日。

　　（四）博物館：此外，2014 年國立自然科學博物館於館內策畫
《南風》一書相關展覽，展覽名稱為《南風攝影展：台西村的故事》，
展期約半年，以計畫性的社會教育方式向公眾呈現此事件之社會影
響。[12]

三、不足的風險評估、該做而未做的科學研究

　　**風險評估的議題設定或範疇界定的面向不夠完整，亦即存在「該
做而未做的科學研究」**（Undone Science）（Hess, 2009; Frickel *et
al.*, 2010）。禁燒生煤的政治倡議中著重流行病學調查研究或是相關
環境健康風險評估等知識生產的成果，雖然可以藉此填補風險管理
（制）所須的環境健康風險知識，以做為環境管制標準訂定的依據，
但是並未強調能源替代之風險評估，例如技術替代中的燃煤技術與污
染防制技術，或是能源替代中的無煙煤替代或是天然氣替代，亦即忽
略能源替代風險評估。**因此若是未將替代能源與社會成本效益列入知
識合成的範疇界定項目之中，會導致在決策前的預測活動缺乏完整的
風險評估，容易在決策之後產生能源安全、社會影響等後續爭議。**另
一方面，有識者提出可行的暫時性措施，例如天然氣做為能源轉型過
渡期的替代能源、燃煤發電設備應備而不用。[13] 或是無煙煤也可以取
代生煤做為備用能源。另外，很多新興燃煤技術或是 CCS 技術尚未
發展成熟，適宜先考慮各種成熟且永續發展的發電技術、污染防制技
術而彈性地、交互地運用。

---

12 黃旭、黃文山、劉德祥、鐘聖雄、許震唐，2014，《南風攝影展：台西村的故
　　事》。臺灣：臺中。http://southwind.nmns.edu.tw，取用日期：2016 年 1 月 19
　　日。
13 游昇俯，2015，〈PM$_{2.5}$ 空汙標準　莊秉潔提能源政策〉。台灣醒報，https://
　　anntw.com/articles/20150407-VTi0，取用日期：2016 年 1 月 20 日。

四、風險管理或管制之國家集權與不作為

　　中央政府對於空氣污染防制之管制科學不合時宜，風險管制模式集權無彈性。中央政府目前的空氣污染風險管理或管制模式，主要包括可以實施三種管制強度由弱漸強的機制，依序分別是空氣品質監測機制、污染總量管制機制、清潔能源替代機制。首先關於空氣品質監測模式，中央政府雖然已經就新建燃煤電廠訂定較為嚴格的管制標準，舊有電廠仍適用寬鬆的管制標準，另外，空氣品質管制標準只管制污染物的質，並未控管其污染的量，亦即**空氣品質管制標準對污染防制極其有限，尤其在地小人稠的臺灣，仍須搭配污染總量管制，否則公眾容易在空氣污染嚴重時，有急性呼吸道疾病產生，因此地方政府因地因時制宜實施緊急應變措施有其必要。**而中央政府的空氣管制標準較地方政府寬鬆，且中央政府不允許地方政府禁燒生煤而使用清潔能源替代。

　　再者，**中央政府不作為的原因在於：中央政府行使威權並利用法律工具對於所轄領土高雄市與屏東縣進行空氣污染污染的總量管制，以達到污染防制的目的，然而此模式早已於 1999 年訂定，行政機關卻遲遲於 2015 年在局部區域落實，亦即延遲且未全面地於臺灣其他地區實施。**

五、中央政府決策未基於完整的風險評估

　　關於風險管理（制）時間點，除了前面提及「中央地方授權地方政府進行生煤與石油焦使用許可審查」之外，其他的時間點為「地方政府訂定自治條例」、「中央政府審查地方自治條例」，以下分別論述。

（一）地方政府訂定自治條例：雲林縣議會已於2015年《雲林縣工商廠場禁止使用生煤及石油焦自治條例》，雖然其條文僅有6條，但是對於規範對象的能源使用，有其經濟與技術上的影響與衝擊。其中規範的對象為縣轄內使用生煤及石油焦為燃料之工商廠場固定污染源，規定該條例施行一年後不得使用石油焦、兩年後不得使用生煤，並規範相關使用許可證之核發、展延、異動、變更之期限，且載明使用許可證自動失效之落日條款。

（二）中央政府審查地方自治條例：地方政府相繼訂定或擬定禁燒生煤之自治條例，但是環保署已認定雲林縣政府之自治條例無效。雲林縣政府將自治條例送至中央主管機關備查，然而行政院環保署發佈新聞稿表示，該條例因牴觸地方制度法及空氣污染法制法規定而應屬無效。

雖然中央機關採用法釋義學進行地方自治條例的審查，其結論可能沒有問題。但是此種一次性作成的行政行為的缺點是：法釋義學的處理未能及於行政行為的整體、國民對行政決定的參與不足、未能考量多邊的法律關係（陳愛娥，2009）。中央機關未能基於完整的風險評估結果而進行環境決策，僅基於法律上的要件對於有限的事實加以適用，亦即忽略環境風險評估，遑論重視更進一步的替代能源風險評估，因此未擴大公眾參與決策，僅以專家會議進行形式審查。然而，依據目前的空氣污染管制模式與執行現況，不僅無法回應公眾對於改善空氣污染的關切，也未能慮及空氣污染受害補償、燃料及技術替代的可能性，因此**中央機關實為被動地否決地方立法，而非主動性地研提修法意見。**

六、中央政府欠缺風險溝通的層次

中央政府的資訊傳散多侷限於地方自治條例的否決。中央政府舉行專家會議，而其會議結論或最後決議，呈現在公眾面前的僅是相關法律條文的違反，而非前面所提及的環境健康影響評估與能源替代風險評估，亦即**資訊不夠全面，也未引起公眾的正面注意。**於此回歸到風險評估上的「議題設定」（agenda setting）問題。

中央政府處理風險的職能不足。中央政府大可以坐收漁翁之利，**從善如流地對於地方政府的法律提案進行更廣泛的風險評估或風險溝通，以實質地審查地方自治條例，並適度地回應地方政府的爭權行為；**而非中央政府僅就法律的面向進行形式上的審查，最後並未肯認地方政府的自治條例，亦即間接地拒絕回應公眾對於禁燒生煤或污染防制的需求，也不符合公眾對於污染防制或能源轉型的期待。此外，**參與風險溝通的利害關係人之多元性不足。**多元性的不足，受限於風險評估項目的不足與中央政府處理風險的職能不足，因此難以擴大利害關係人的類別。

伍、結論

別於其他國家，地小人稠與身為褐色經濟體的臺灣，在處理禁燒生煤議題並進行能源轉型時，同時面臨環境健康、能源安全、氣候變遷等多重問題；中央政府集權但不作為的行政怠惰表露無遺於風險治理三面向，而次國家或地方政府禁燒生煤的政治倡議是環境健康風險治理的適當案例，因為（地方）社會轉型驅動次國家或都市轉型並促進能源轉型，也讓能源替代風險治理的爭議發酵。其中公民的風險

知識能耐，例如流行病學的調查與能源替代的倡議，應該進入中央政府進行環境治理與訂定能源戰略的重要風險溝通與風險管理（制）路徑，並考量創新前瞻的研究科學，以取代部分不合時宜的管制科學；對比於地方政府，例如雲林縣行政機關與立法機關，從善如流地回應當地居民或受害者的需求，顯現地方政府處理環境健康風險的能力，並嘗試挑戰中央政府的管制策略或突破中央集權的限制，向中央政府要求分享環境保護或能源管理的權力。再者，**當國家進行禁燒生煤之風險治理而訂定能源戰略時，本文建議先進行完整的風險評估，並且至少考慮到環境健康的污染防制面向、能源安全的穩定供應面向、氣候變遷減緩的減少碳排放或能源效率提高面向，甚至用電保障的電價穩定與最終供電義務面向，以擴大利害關係人的類別。**進一步而言，風險評估的時間尺度可以配合臺灣因應 COP21 之「國家自定貢獻」（Nationally Determined Contributions, NDC）或更長期「深度途徑去碳計畫」（Deep Decarbonization Pathways Project, DDPP）之目標或期程規劃，此外，提早在規劃階段開始進行風險溝通，可以顯明相關利害關係人，並且減少後續爭議之產生與發酵。最後，**中央政府主導的封建式治理方式已不合時宜，中央政府除了在財政上的支應之外，應站在地方政府對於環境保護、能源發展能夠因地制宜的角度思考中央與地方權限劃分的爭議，以滿足公眾在地性之環境保護、經濟發展與社會發展三贏的永續發展需求。**

參考文獻

周桂田，2007，〈新興風險治理典範之芻議〉。《政治與社會哲學評論》22: 179-233。

能源局，2015，〈煤炭供給與消費〉。《2014 年能源統計年報》。臺北：能源局。

能源局，2015，《能源開發政策評估說明書（初稿）》。臺北：能源局。.

陳愛娥，2009，〈德國行政法學的新發展〉。收錄於《行政契約之法理：各國行政法學發展之方向》（初版）。臺北：台灣行政法學會。

Botta, E. & T. Koźluk, 2014, "Measuring Environmental Policy Stringency in OECD Countries: A Composite Index Approach." *OECD Economics Department Working Papers* No. 1177. OECD Publishing.

Bulkeley, H. & H. Schroeder, 2011, "Beyond state/non-state divides: Global cities and the governing of climate change." *European Journal of International Relations* 18(4): 743-766.

Chen, Y. C., C. Y. Hsu, S. L. Lin, G. P. Chang-Chien, M. J. Chen, G. C. Fang, & H. C. Chiang, 2015, "Characteristics of Concentrations and Metal Compositions for $PM_{2.5}$ and $PM_{2.5-10}$ in Yunlin County, Taiwan during Air Quality Deterioration." *Aerosol and Air Quality Research* 15: 2571-2583.

Chio, C. P., T. H. Yuan, R. H. Shie, &C. C. Chan, 2015, "Assessing Vanadium and Arsenic Exposure of People Living near a Petrochemical Complex with Two-stage Dispersion Models." *Journal of Hazardous Materials* 271: 98-107.

Ethics Commission on a Safe Energy Supply, 2011, *Germany's Energy Turnaround-A Collective Effort for the Future*. Berlin: Ethics Commission on a Safe Energy Supply.

Frickel S., S. Gibbon, J. Howard, J. Kempner, G. Ottinger, & D. J. Hess, 2010, "Undone Science Charting Social Movement and Civil Spciety Challenges to Research Agenda Setting." *Science Technology Human Values* 35(4): 444-473.

Hess, D. J., 2009, "The Potentials and Limitations of Civil Society Research: Getting Undone Science Done." *Sociological Inquiry* 79(3): 306-327.

Hsu, C. Y., H. C. Chiang, S. L. Lin, M. J. Chen, T. Y. Lina, & Y. C. Chen, 2016, "Elemental Characterization and Source Apportionment of PM10 and $PM_{2.5}$ in the Western Coastal Area of Central Taiwan." *Science of the Total Environment* 541: 1139-1150.

IEA, 2015, *Key World Energy Statistics*. France: IEA.

Jasanoff, S., 1990, *The Fifth Branch: Science Advisers as Policymakers*. Cambridge, Mass.: Harvard University Press.

MacMaoláin, C., 2015, "Chapter 5: Food Safety." *Food Law* (1st Ed.). USA: Bloomsbury Publishing PLC.

Renn, O., 2008, "Guidance for Effective Risk Communication." *Risk Communication* (2nd Ed.). UK: Earthscan.

Shindell, D. T., 2015, "The social cost of atmospheric release." *Climatic Change* 130: 313-326.

第四部分

低碳
運輸

都市能源轉型與大眾運輸系統

張國暉

國立臺灣大學國家發展研究所助理教授暨
臺大社會科學院風險社會與政策研究中心研究員

眾所周知，臺灣能源高度仰賴進口。根據統計從1994至2014年，每年的進口能源依存度均高達約98%（能源局，2015），因此如何節約及開發能源都是歷年政府的重要工作。另一方面，自1992年聯合國公佈《氣候變化綱要公約》（United Nations Framework Convention on Climate Change, UNFCCC），希望透過國際合作，減少溫室氣體排放，以確保生態系統自然適應氣候變化、糧食生產不受威脅、經濟發展可持續進行等目的。UNFCCC更在1997年通過具法律拘束力的《京都議定書》，並在2005年生效；2009年提出全球溫度不能上升超過2℃的《哥本哈根協議》；2015年底則邀集更多國家通過更為仔細且具實質行動措施的《巴黎協定》，以接替成效有限且將在2020年到期的《京都議定書》。臺灣雖非聯合國成員，但政府及民間不斷嘗試加入相關組織，其中2009年初臺灣以觀察員身份成功加入世界衛生大會（World Health Assembly, WHA）後，將加入UNFCCC做為下個

標的國際組織（環保署，2015）。因此，連同其他如國際經貿及政治
義務等因素，如何有效減碳也成為政府重要施政項目之一。

在節能減碳的國內外脈絡下，行政院在 2008 年核定《永續能源
政策綱領》，希望從該年起每年提高能源效率 2% 以上，2016 年的排
碳量回到 2005 年水準，而 2025 年時回到 2000 年（經濟部，2008）。
接著，行政院為因應前述 2009 年《哥本哈根協議》，同年成立節能減
碳推動會，並於 2010 年公佈「國家節能減碳總計畫」（後改稱總行動
方案），其總目標與 2008 年《永續能源政策綱領》相似，但較為具體
地提出 10 大標竿方案及 35 項標竿計畫，由行政院國發會及經濟部擔
任幕僚（行政院節能減碳推動會，2010）。到了 2014 年，行政院合併
了節能減碳推動會與新能源發展委員會，改稱為綠能低碳推動會，將
前述計畫改稱「國家綠能低碳總行動方案」，並改由行政院環保署做
幕僚（行政院，2014）。以上這些委員會及其計畫方案在短短數年內
更名數次，其中，較為實質的差異應只是幕僚機關的轉換，並將節能
的概念改為綠能，減碳則改為低碳。即便內容漸從抽象到具體化，但
實質內涵其實相似，實無必要這麼常推出及更名。

壹、臺灣的都市與能源

無論是節能減碳或是綠能低碳，迄今為止主要都是中央政府負責
規劃及推動。雖然各地方政府亦有相關政策，但多屬配合、委辦或其
他自發的措施，基本上主要經費的投入及使用仍由中央政府控管。不
過，經濟部在 2015 年規劃及執行「智慧節電計畫」，舉辦「自己的電
自己省」活動，[1] 邀請十九個縣市政府參加（但花蓮及臺東未參加），

1　請參考網站：自己的電自己省。http://energy-smartcity.energypark.org.tw/，取

分別以各縣市為範疇，計算各縣市內機關、住宅及服務業等三部門用電的節電創意及成果等競賽（經濟部，2015）。這項活動雖屬一年的短期執行，但卻引起許多討論，除了彰顯中央政府肯認地方政府可在綠能低碳政策的行動作用外，地方政府的積極參與也表達了地方層級的興趣，並因此納入主要施政作為，進一步發展在地特色及節省更多經費等。再者，這樣的綠能低碳政策措施更可能因此向下扎根到地方機關、組織、公司、及個人等網絡，應值肯定。

　　雖然全球各主要都市政府所提減排溫室氣體政策是否顯著效果仍待檢證（Seto *et al.* 2014），但基本上都市政府早被普遍肯認應做為節能低碳及氣候變遷治理的主要行動者，目前更已有許多文獻以全球主要都市為單位的具體研究，並指出地方政府多樣且長遠的政策可能具有高度影響潛力（Bulkeley, 2013; Beretta, 2012; Li, 2012; Rosenzweig *et al.*, 2011; Slavin, 2011）。回顧臺灣，有關在地都市氣候變遷治理方面，目前也有若干相關政策及研究。不過，盧鏡臣等（2015）分析指出臺灣都市氣候治理多具追隨國際組織及規範的特色，較缺乏在地脈絡的深刻檢視，而政策內容則集中在減緩而非調適，重於修辭甚於實質，且缺乏人文社會科學相關研究，仍有相當大落差值得發展。在未來可行政策方向方面，他們期待都市氣候治理應可多著墨在調適部分，亦即須要更高層次的治理思維，從都市結構調整及空間規劃策略等較為中觀的中長期性政策著手，才是嚴肅且正面地面對氣候變遷的挑戰（盧鏡臣、周素卿、廖昱凱，2015: 34）。

　　其次，與本文主題更相關者，則是在臺灣都市節能及低碳治理方面。其中，有關低碳治理部分，張學聖等（2014: 142-146）研究指出，2008 年時六都佔全國排碳前六名，除臺南外，其餘五都即

用日期：2016 年 1 月 13 日。

佔全臺55%。在排放部門方面，工業佔59.12%為最大佔比，其次是運輸20.59%，而後依序為住宅（9.71%）、能源（4.86%）、商業（3.69%）、其他（1.59%）及農林漁牧（0.20%）等部門。一般認為，都市政府在運輸、住宅及商業等部門可發揮較大作用（Greutzig *et al*., 2015; Bai *et al*., 2014; Bulkeley, 2013; Li, 2012; Bohler-Baedeker & Huging, 2012; Slavin, 2011）。在六都中，除臺南及臺北外，其餘四都的運輸部門年排碳量均在100萬公噸以上，即便臺南都高於臺北，且還超過四分之一的量。不論哪一都，各都機動車輛的排放均屬最大宗。

　　不過值得注意的是，臺北的機動車輛數目雖與新北及高雄相當，為全臺前三高，但臺北的運輸年排碳量卻只有它們的一半不到，低於60萬公噸（張學聖、郭婷婷、陳姿伶，2014: 145）。臺北機動車輛進行運輸的時間及里程較短，可能與上述顯示的結果有關。雖然臺北市民在市區內使用機動車輛的需求低，可能是因為所需時間及里程短，例如從住家到辦公處所的距離較近，但觀察其排碳量大幅低於其他五都的情形，臺北市區內大眾運輸系統的完備性顯較其他各都為高，應可推測有相當多數的市內運輸並未利用機動車輛，或相當低程度依賴。張學聖等（2014）的研究從各都碳平衡觀點檢視，但並未進一步建議如何降低運輸部門排碳量，未來應值持續探究。若回過來檢視前述行政院的「國家綠能低碳總行動方案」，則發現其亦未對都市政府在長期性減碳或適應低碳生活給予足夠重視。基本上，都市政府應可在能源轉型的國家策略上扮演核心且長期性角色，特別是先從運輸部門著手。本文在下節嘗試提供「大眾運輸導向的都市發展」思考方向作為參考。

　　再者，有關都市節能治理部分，雖然前述經濟部「自己的電自己省」政策值得肯定，但相當程度來說已落後諸多國際城市，且規

模仍不足。最重要者，則是該政策如同盧鏡臣等（2015）對臺灣都市
氣候治理政策的發現相似，也就是強調減緩及修辭，但忽略更高層次
的調適及實質作為。相較前述所引之國外研究，經濟部所辦「智慧節
電計畫」還不足以認識到都市在節能減碳方面可能所具備的潛力角
色，而僅限縮在小規模及低層次的治理。以臺北市為例，其在參加
「智慧節電計畫」所提「自己的電自己省」報告書中指出，服務（佔
52.15%）、住宅（佔39.05%）及機關（佔8.81%）等三部門一年共約
消耗139億度電（臺北市政府，2015）。基本上，這些用電量雖非代
表全臺北市範圍內所有用電量，但可見臺北市政府可能觸及到的用電
量管控範圍，已達全臺一年用電量約2,510億度電的5.53%，且約是
臺北市所有用電量的46.08%，比例均不可謂低。[2]

　　不過，經檢視臺北市報告書，仍可見節電成效很有限，其中2015
年僅約較前一年同期節電0.33%，其他縣市的報告書也多未有顯著節
電效果。[3] 即便臺北市未來達成整年節電2%，相較於全臺北市及臺北
市政府可觸及管控範圍的用電量來說，都相當低。換句話說，學理
顯示，都市政府在節能治理方面的可貢獻潛力高，但「智慧節電計
畫」卻完全不能顯著彰顯出來。因此，相似於盧鏡臣等（2015）研究
結論，都市可扮演的角色應更吃重，而都市應制定的政策絕不能限於
「自己的電自己省」這樣的措施，並需從都市的發展結構調整及空間
規劃策略著手。果若能從這個中觀角度出發，都市政府即能遠遠地觸
及服務、住宅及機關等三部門節電之外的範疇。

2　全台用電需求請參考能源局（2015）。台北市佔全台用電量約12%。
3　請參考網站：自己的電自己省。http://energy-smartcity.energypark.org.tw/，取
　　用日期：2016年1月13日。

貳、都市能源轉型與大眾運輸導向的都市發展

　　根據聯合國組織「政府間氣候變化專門委員會（Intergovernmental Panel on Climate Change, IPCC）」研究指出，目前全球都市約消耗了 67% 至 76% 的全球能源，並約排放了全球溫室氣體總量的 75%（Seto et al., 2014）。而且，這個世紀結束前將可能再增加 20 至 30 億都市人口，都市範圍在 2030 年的都市佔地規模恐較 2000 年時增加三倍。依目前全球都市化的快速發展趨勢，預測未來將耗用更多能源，到了 2050 年時估計將成長為 2005 年的三倍，並顯著增加溫室氣體及碳排放量（Greutzig et al., 2015）。

　　Greutzig 等人（2015）研究指出，都市能源耗用與經濟活動力高度正相關，特別是呈現在都市運輸上，也就是在經濟越發達的都市，其能源多消耗在運輸上，並進一步造成溫室氣體及碳排增加，導致市內的熱日（heating degree days）增加，這個趨勢在發展中國家的都市特別明顯。基本上，人均收入在 3 萬美元以下的都市，其人均收入與能源耗用正相關，特別是在 1 萬美元以下者，但 3 萬美元以上者則沒有顯著相關。他們更進一步指出，汽油價格除與運輸能源耗用高度相關外，也與溫室氣體排放量高度相關，而人口密度也與後兩者高度相關。短期上，他們建議都市政府應可利用汽油價格的控制，讓運輸成本提高，進而降低都市能源耗用，但若要更有效，則需搭配一些能適當地提高市區人口密度的措施。至於長期上，同時也是比較以治本方式思考時，則建議調整都市結構及空間規劃，例如市區混合工商住設計、綠建築法規、各公私設施連結性及可近性（如大眾交通運輸的規劃及建構上）等。

　　至於如何調整都市結構及空間規劃？近年來美國興起一種大眾運輸導向都市發展（Transit Oriented Development, TOD）的規劃理論

方向。雖然 TOD 發展之初的目的雖非直接回應前述降低都市能源耗
用及溫室氣體排放的議題，但卻與前述都市結構調整及空間策略規
劃高度相關，可較為長期且宏觀地面對這兩議題的挑戰。「Calthorpe
（1993）及 Benfield 等人（1999）認為 TOD 的概念為：中高密度的住
宅、配合適當的公共設施、工作機會、零售與服務性空間；其重點集
中在區域性大眾運輸系統上重要地點的多用途開發」（李家儂、賴宗
裕，2007: 21）。[4] 這些概念與前述如何降低都市耗能的建議在相當程
度上不謀而合。不過，TOD 更深入及具體地強調可先透過大眾運輸
系統節點（如捷運車站）安排，以提高都市的使用強度、增加混合土
地使用、有利行人導向都市設計等，進而達成環境保護、社會公平及
經濟效率的多元目的（*ibid.*: 21-22）。基本上，TOD 是一個相當有創
意，且已嘗試在歐美數個城市做為規劃原則的理論方向，其目標除了
本文所提都市能源耗用與氣候治理等議題可予長期性的調適之外，
更能達成其他如經濟及社會等價值目標，層次看來似乎較 IPCC 及
Greutzig 等人（2015）的研究為高。

　　若回顧臺灣都市發展與大眾運輸發展現況，李家儂與賴宗裕
（2007: 23）卻指出，臺灣仍停留在「土地開發引導大眾運輸」的手
段，不幸地正與 TOD 的原則相反。亦即，臺灣以「土地使用現況發
展密度的高低，做為配置大眾運輸系統的依據，……大眾運輸系統
區位的選擇取決於土地發展的需求，此舉更加速土地的任意開發及
無效率的土地使用配置型態」（*ibid.*: 23）。因此，透過層級分析程序
方法，李家儂及賴宗裕（2007）建構了臺北都會區 TOD 目標體系及

4　請參考 P. Calthorpe, 1993, *The Next America's Metropolis: Ecology, Community and American Dream*. NY: Princeton Architectural Press; F. K. Benfield, M. Raimi, & D. D. T. Chen, 1999, *Once Were Greenfields: How Urban Sprawl Is Undermining America's Environment, Economic and Social Fabric*. The Natural Resources Defense Council and the Surface Transportation Policy Project.

策略：在永續發展的最高目標下，分有發展總量評估、提高土地使用
強度、土地使用多樣性及行人導向都市設計等7項子目標，各子目標
下再有3次目標，共計21項次目標，而這些次目標則各分有策略對
應，亦共計有21種策略（*ibid.*: 25-34）。然而，所有次目標當中僅有
減緩空氣及水污染、保護生態環境、減少交通擁塞及其帶來的污染
等，接近前述都市節能低碳及氣候變遷治理的目標。因此，可發現
TOD對永續發展的詮釋，與現時前述有關氣候變遷及綠能低碳所定
義的永續概念，出現相當程度上的差異。

　　基本上，李家儂與賴宗裕（2007）所界定的TOD子目標，恐仍
像是盧鏡臣等（2015）所形容臺灣氣候變遷治理政策般，強調減緩甚
於調適，而有欠積極。當然，前者研究乃是嘗試提供一個建構模型，
臺灣的實際狀況則如他們所指出的出現了與TOD相反之情形，短時
間內該模型仍難實現。不過，在近來國際氣候變遷與綠能低碳的發展
趨勢下，該模型應可再進一步地調整，使TOD更富有UNFCCC及
IPCC近年對如何實踐永續的新思維，朝向更為治本的方向維持自然
生態、人類社會與能源使用的平衡關係。

參、臺灣的都市能源轉型方向

　　檢視臺灣1999至2014年運輸部門能源耗用趨勢，可由下表得
知，總石油需求成長28.84%，運輸部門用油佔比下降23.97%，一來
一往發現運輸用油比例大減。另一方面，總電力需求的提升較用油
需求還高，運輸用電也增多近七成，但運輸用電佔比遠低於用油佔
比。亦即，雖然運輸部門的電力增幅是石油增幅的10.7倍（68.88%
/ 6.44%），但運輸部門用電佔總電力需求比（如2014年的0.52%）遠

較其用油佔總石油需求比（如2014年的18.74%）為低很多，2014年運輸用電比僅是用油比的2.77%。若再搭配同時期所有軌道運輸人數增幅69.88%的情形，[5] 由於絕大部分軌道運輸（臺鐵、高鐵、臺北捷運、高雄捷運）耗能採用電，經與耗油及耗電成長幅度相比，在軌道運輸量大增情形下，雖然用電需求大增，但僅佔總需求用電約一成，而運輸用油佔比卻大幅下降。當然，這裡僅計算軌道運輸人次並不能完全解釋運輸用油及用電的耗能所有情形，例如貨運、航空及海運等未計入，且還需校正臺鐵用油客運人次等，並考量運輸指標單位不同，但整體數據看來，顯著成長的比例在採用電軌道客運人次。

表8-1　1999年與2014年台灣運輸用油與用電比較表

年度	總石油需求	運輸部門用油	運輸部門用油佔比	總電力消費	運輸部門用電	運輸部門用電佔比
1999	49,748.2	12,263.6	24.65%	1609.4	4.11	0.25%
2014	69,916.3	13,108.1	18.74%	2510.6	13.21	0.52%
增幅	28.84%	6.44%	-23.97%	35.89%	68.88%	108.00%

說明：石油單位，千公秉油當量；電力單位，億度。
資料來源：能源局（2015）〈電力消費表〉、〈能源指標表〉及〈石油產品供需平衡表〉。

由以上的運輸總耗能趨勢觀察，值得注意的是軌道運輸人次增幅中有77.34%及8.53%分別是臺北及高雄捷運貢獻，也就是所有軌道運輸增幅中有54.04%及5.88%分別是臺北及高雄捷運所帶來，兩個都會捷運佔軌道運輸人次增幅約達六成。其實，若再增加臺鐵在都會區的軌道運輸人次增幅（例如雙北市及桃園間、臺南高雄間，然這部分尚欠仔細資料可參考），可發現臺灣用電軌道載客運輸從1999年以來，人次數及佔比都增加迅速。這樣的發展除了可大幅減低都市內機

5　相關數據請參考能源局（2015）的〈運輸部門指標表〉。

動車輛使用,有效降低城市排碳量,也可大幅降低用油增幅,而其所帶來的用電增幅及佔台灣總用電比卻都不高。就追求永續的氣候變遷及節能減碳治理來說,這是相當值得肯定的趨勢。

　　然而,若再深入分析,可發現臺灣自1999至2014年,機動車輛數還是很高,每百人機動車輛數從73.9輛增加到90.9輛。即便從2011年的95.7輛高峰後,這幾年來降了一些,但比例仍驚人的高。[6]如前所述,運輸部門佔了臺灣排碳量高達20.59%,六都比例更高,其中顯有相當部分的能源耗用歸在機動車輛。不過,在這樣的高機動車輛比例現象的同時,我們也發現臺北市的機動車輛數雖與新北及高雄共列前三,但臺北的排碳量是後兩者的一半不到,可推測臺北的大眾運輸系統在近年逐漸完備後,運輸方式有不少朝向用電軌道運輸及其搭配的相關運輸方式(如公共汽車、腳踏車或步行等)。若未來其他五都也投資更多在建構完備大眾運輸系統,相信每百人機動車輛數會降更多更快,也因此降低都會排碳,更減緩都市氣候變遷可能帶來的種種衝擊。這部分節能減碳工作,至少在強化大眾運輸系統功能方面,像是臺北市長柯文哲所提棋盤式自行車路網(柯文哲,2013),應是都市政府中短期內可觸及的治理範圍。短期治理方面,依文獻建議(Greutzig *et al.*, 2015),亦可從控制城內油品價格或用路程度等方式著手。

　　當然,我們也瞭解都會軌道運輸系統建構的財務負擔相當高,臺北捷運系統迄今經費規模已約達新臺幣9,000億元(范植谷、蘇振雄、呂怡青,2014),相當驚人。即便有所謂「愛台12項建設計畫」[7]

6　請參考能源局(2015)的〈運輸部門指標表〉。

7　行政院經建會2009年12月公佈預計從2009至2016年的「愛台12建設總體計畫」,總經費約3.99兆新台幣,其中「便捷交通網」列第一大項,而此項下又以「北中南都會區捷運網」為首,單此一子項經費即高達7,394.87億元,

及前述「國家綠能低碳總行動方案」都重複地列入建構各都會軌道運輸系統，未來能否一一如預期時間內實現，恐不樂觀，特別是新政府上台後亦可能有所調整。不過，若我們循著前述 TOD 都市規劃思維，可瞭解捷運僅是其大眾運輸系統內選項之一，更重要的是都市政府應可反過來從大眾運輸系統進行都市結構及空間策略的調整，這是中長期可做的治理工作。然而，無論從各縣市政府2015 年所提「自己的電自己省」計畫書，或是柯文哲（2013）所提城市能源治理政策中，都欠缺中長期的因應氣候變遷及打造低碳綠能之都市發展策略及願景，應可再做進一步的思考。

總結來說，本文建議中央政府應更深地肯認到，都市政府不能僅限縮在服務、住宅及機關等三部門節電，也不應只在轄內所有部門的節電，卻更應放寬視野到節能，甚至考慮到還要遠期的碳中和綠化政策（張學聖等，2014），以及更進一步需與中央政府及其他地方政府搭配的綠能政策等。否則見樹不見林，所謂永續恐只是口頭說說，或是流於細節涓滴式的體現。透過都市結構及空間策略調適的 TOD 都市發展方向，運輸部門節能減碳應是在中期內可由都市政府本身或為主要推動者的能源轉型治理範疇。

佔總經費18.50%，數額均超過其他11 個別大項。請參考 http://www.cepd.gov.tw/m1.aspx?sNo=0012702。

參考文獻

行政院，2014，〈國家綠能低碳總行動方案〉。http://www.ey.gov.tw/Upload/
　　RelFile/26/714654/b9a16703-0646-417d-9c5c-e0c0652de8e5.pdf 。

行政院節能減碳推動會，2010，〈國家節能減碳總計畫〉。https://web3.
　　moeaboe.gov.tw/ECW/reduceco21/content/Content.aspx?menu_id=
　　2467，取用日期：2016 年 1 月 15 日。

李家儂、賴宗裕，2007，〈臺北都會區大眾運輸向發展目標體系與策略之
　　建構〉。《地理學報》48: 19-42。

柯文哲，2013，〈柯 P 新政：都市創新、城市遠見〉。http://kptaipei.
　　tumblr.com/，取用日期：2016 年 1 月 15 日。

范植谷、蘇振雄、呂怡青，2014，〈都會捷運路網政策規劃與績效〉。《公
　　共治理季刊》2(3): 53-70。

能源局，2015，《能源統計年報》，http://web3.moeaboe.gov.tw/ECW/populace/
　　content/ContentLink.aspx?menu_id=378，取用日期：2016 年 1 月 15
　　日。

張學聖、郭婷婷、陳姿伶，2014，〈從碳平衡觀點探討都市空間發展之特
　　性：一台灣各縣市為例〉。《建築學報》87: 137-157。

經濟部，2008，〈永續能源政策綱領〉。http://verity.erl.itri.org.tw/EIGIC/
　　index.php?option=com_content&view=article&id=1&Itemid=3，取用
　　日期：2016 年 1 月 15 日。

經濟部，2015，〈智慧節電計畫作業要點〉。http://web3.moeaboe.gov.
　　tw/ECW/populace/news/Board.aspx?kind=3&menu_id=57&news_id=40
　　33，取用日期：2016 年 1 月 15 日。

臺北市政府，2015，〈104 年度「縣市創意節電競賽」活動計畫：臺北
　　市（縣市創意獎）參賽計畫執行報告書〉。http://energy-smartcity.
　　energypark.org.tw/creative-info.php?id=10，取用日期：2016 年 1 月 15
　　日。

盧鏡臣、周素卿、廖昱凱，2015，〈落差與接軌？從國際發展看台灣的都
　　市氣候治理與研究〉。《都市與計畫》42(1): 7-38。

環保署，2015，〈推動臺灣參與氣候變化綱要公約〉。http://unfccc.epa.gov.
tw/UNFCCC/chinese/07_faq/01_faq.html#10，取用日期：2016 年 1 月
15 日。

Bai, Yong, Xiuli Du, Pei-Sung Lin, Wei-Chou Virgil Ping, Endi Zhai, & Yilei
Huang, 2014, *Challenges and Advances in Sustainable Transportation
Systems*. VA: American Society of Civil Engineering.

Beretta, Ilaria, 2012, "Milan's Answer to the Climate Change Problem."
Research in Urban Sociology 12: 105-133.

Bohler-Baedeker, Susanne & Hanna Huging, 2012, *Urban Transport and
Energy Efficiency: Sustainable Transport-A Source Book for Policy-
makers in Developing Cities*. German: GIZ.

Bulkeley, Harriet, 2013, *Cities and Climate Change*. NY: Routledge.

Li, Yifei, 2012, "Environmental State in Transformation: The Emergence
of Low-Carbon Development in Urban China." *Research in Urban
Sociology* 12: 221-246.

Rosenzweig, Cynthia, William D. Solecki, Stephen A. Hammer, & Shagun
Mehrotra, 2011, *Climate Change and Cities: First Assessment Report
of the Urban Climate Change Research Network*. NY: Cambridge
University Press.

Seto, K. C. *et al.*, 2014, "Human Settlements, Infrastructure, and Spatial
Planning." Pp. 923-1000 in *Climate Change 2014: Mitigation of Climate
Change: Contribution of Working Group III to the Fifth Assessment
Report of the Intergovernmental Panel on Climate Change*. Geneva,
Switzerland: IPCC.

Slavin, I. Matthew, 2011, *Sustainability in America's Cities: Creating Green
Metropolis*. Washington D.C.: Island Press.

低碳發展的幻象？
臺北市公共自行車與運輸部門的節能減碳

李宗義

中央研究院社會學研究所博士後研究員

徐健銘

國立臺灣大學國家發展研究所博士生

壹、前言

　　2016 年 1 月 9 日，臺北市政府為了宣傳2016 年全球城市自行車大會（Velo City）首度在亞洲的臺北舉辦，特別規劃一場「一日雙城」的挑戰活動，由市長柯文哲親自領軍，計畫以二十一小時完成臺北到高雄380 公里的單車騎乘。活動當天，柯文哲車隊經過之處彷彿媽祖繞境，不僅有民眾、粉絲與「信徒」爭相拍照，還有腳踏車運動的愛好者陪騎，聲勢更勝處於選戰決勝期的三黨候選人。最終，柯文哲也未讓民眾失望，於當天晚上順利完成一日雙城的騎乘計畫。柯文哲成功挑戰一日北高的壯舉，把近幾年來臺灣的自行車運動帶到頂峰，不僅投射出臺北對於發展自行車友善城市的美好未來想像，也試圖將臺北市已經發展數年且相當成功的公共自行車系統，推廣到全臺各地，甚至成為各國學習的典範。

　　可是，就在柯文哲挑戰的前一個月，「台灣健康空氣聯盟」公佈了一份令臺北市頗為難堪的資料。健康空氣聯盟根據歷年空氣品質的資料指出，臺北市從 1998 年以來，懸浮微粒 PM_{10} 的年均值並無明顯的改善，若引用世界衛生組織（WHO）2014 年公告的室外空污資料庫，以 PM_{10} 年均值比較 1,526 個城市的空品良好程度，臺北市排第 1,087 名，若與其他世界進步城市相比，雙北的 PM_{10} 年均值分別是雪梨的五倍、溫哥華的四倍，以及倫敦、紐約、巴黎和柏林等城市的兩倍。[1] 兩則新聞的對照，如此糟糕的空氣品質，似乎是給臺北市發展綠色自行車城市揮了一巴掌。

　　公共自行車與減碳和空氣品質改善之間似乎存在一個必然的邏輯，因此自從節能減碳成為臺灣社會的公共議題之後，自行車一直被政府視為一道節能減碳的良方。例如對各地方政府建制公共自行車租賃系統的輔助，環保署就明確預示如果公共自行車無法達到減碳效益，就不予輔助。也因為這樣的理由，環保署的空污基金從 2012 年到 2013 年補助臺北市公共自行車數千萬元，希望臺北市的公共自行車系統可以帶頭改變運輸部門碳排長期居高不下的困局。[2] 另一方面，民眾也把使用公共自行車視為個人對於整個社會節能減碳的貢獻，根據《中國時報》綠色交通的調查，針對使用者「利用公共腳踏車通勤的主要原因」也顯示，有超過四分之一（27%）的人使用都是

1　洪欣慈，2015，〈雙北空污嚴重　懸浮微粒是紐約的 2 倍〉。聯合新聞網，http://udn.com/news/story/8968/1385523-%E9%9B%99%E5%8C%97%E7%A9%BA%E6%B1%99%E5%9A%B4%E9%87%8D-%E6%87%B8%E6%B5%AE%E5%BE%AE%E7%B2%92%E6%98%AF%E7%B4%90%E7%B4%84%E7%9A%842%E5%80%8D，取用日期：2016 年 1 月 20 日。
2　許瀚分，2015，〈公共自行車缺乏減碳效益　環保署不補助〉。中時電子報，http://www.chinatimes.com/realtimenews/20150128003453-260405，取用日期：2016 年 1 月 20 日。

出於對腳踏車「節能減碳」的美好想像，相信騎上腳踏車就可以達到
減碳的效果，也可以為臺灣整體環境奉獻一份個人的心力。[3]

　　臺北市公共自行車驚人的成長速度，是否達到其原先所宣稱的減
碳目標？公共自行車又是否為改善空氣品質讓臺北市朝綠色環境的友
善城市邁進的一帖良藥？本文寫作的出發點，即是希望釐清上述問
題。我們透過數據觀察臺北市近幾年整體運輸排碳量，發現臺北市的
排碳並未隨著公共自行車數量成長與機車數量的減少而降低，而且六
大部門的排碳，除了運輸部門之外全部降低，顯示公共自行車所欲達
成的政策目標，尚有進一步檢驗與解釋的必要。本文嘗試從公共自行
車的建置出發，瞭解公共自行車的起源以及臺北市公共自行車政策的
目標，整合相關的經驗數據，分析臺北市公共自行車的減碳效果，並
由減碳的角度探討公共自行車對於整體運輸政策的意義。

貳、氣候變遷與公共自行車的崛起

一、全球公共自行車的發展

　　交通運輸是社會發展的命脈，輸送一切相關的物質交流、文化交
流和各種資訊流動，而且交通運輸的基礎建設也進一步影響人口分
佈、經濟發展和社會發展的模式。然而，交通運輸部門在以化石燃料
為基礎的當代社會之中，同時也是能源消耗的大宗，更是影響氣候變
遷的溫室氣體排放主要來源之一。顏君聿（2009）指出大部分國家運

3　蔡百蕙、謝錦芳，2014，〈用 Ubike 通勤　雙北五成居民願意〉。中時電子
　　報，http://www.chinatimes.com/newspapers/20140211000415-260102，連結日
　　期：2016 年 1 月 20 日。

輸部門自《京都議定書》簽訂之後仍然持續高幅度增加，而其中的道路運輸又佔運輸部門的90%左右。因此，改良陸路運輸的能源效率以及碳排密集度，成為因應全球氣候變遷治理的趨勢、逐漸成型的規範和迫近的各種氣候變遷災難，更是世界各國的重要課題。

　　除了從汽機車能源效率的提升與氣體排放的規範改善運輸之外，各國的大眾運輸也逐漸把原先為汽機車所淘汰的自行車設備，納入成為公共運輸的一環。由於腳踏車沒有耗能與碳排的問題，加上價格便宜、可以靈活調度，深入社區與鄰里提升民眾的便利性，因此在推出之後即形成一股全球的風潮，不論是空氣品質已經相當不錯的歐洲先進國家，或是尚處於工業轉型期的後進國家，陸續把公共自行車的建置，視為國家面對全球碳排減量壓力的運輸行動策略，也是個人環保意識的一種展現，公共自行車就是在這股環境保護的壓力之下，逐漸浮出檯面。

　　「公共自行車」（Public-Use Bicycles）有各種不同的名稱，例如「轉運自行車」（Bicycle Transit）、「自行車共享」（Bike Sharing）或者「智慧自行車」（Smart Bikes）等。不論名稱為何，公共自行車都是由自行車共享方案與短程的都市自行車租借計畫組成，讓自行車可以在任何自助式自行車站借車、又能在任何其它的自行車站還車，使得自行車共享成為點對點旅行的理想方式（Midgley, 2011）。

　　第一代方案在1965年時於阿姆斯特丹引進，特色是在任何地點免費借用和歸還的腳踏車。第二代方案的系統則是在1991年丹麥所引進。然而這些方案都不能解決失竊和惡意破壞的問題（Midgley, 2011）。1995年，第一個大規模的計畫Copenhagen City Bikes（或Bycyklen København）引入哥本哈根。[4] 第一套使用智慧科技的自行

4　原來的City Bikes系統為免收費系統，並已在2012年結束營蓮。目前哥本哈

車共享系統則是1998年法國Rennes市所引進的Vélo à la Carte系統
（Midgley, 2011）。這些第三代系統使用改善的自行車設計、複雜的自
行車站和自動化的智慧卡（或者磁條卡）電子自行車鎖定與付費系
統。某些已開始使用GPS來追蹤自行車防竊。營運者使用網絡化的
自助自行車站，其使用中央電腦系統來連接和獲取自行車站的即時資
訊，以及使用RFID科技來監測自行車的位置。同時，這些第三代系
統採取會員制或者年費制的「自行車租借圖書館」（Bicycle Lending
Library）的形式，但同時以廣告的形式進行營運補貼。他們使用特別
訂製「非常堅固」（heavy duty）自行車，並且採用非標準規格的元件
來降低失竊率（Midgley, 2011）。

　　根據歷年統計，2008年有213個自行車共享計畫在14個城市中
運行，並且使用73,500輛自行車。除了在華盛頓特區的系統外，其
它系統全部都在歐洲營運。到了2011年則有375個自行車共享計畫
在33個城市中營運，並且使用236,000輛自行車。雖然有超過90%
的系統被設置在歐洲，但有將近50%的自行車如今分佈在亞太地區
（Midgley, 2011）。到了2015年年底，全球使用第三代公共自行車的
城市已經接近1,000個（984），超過126萬輛的腳踏車在世界各地營
運之中，而最大的系統則落在中國的杭州市。[5]

二、臺北市公共自行車的政策與發展

　　運輸是臺灣排碳的六大部門之一，總排碳量僅次工業，位居第二
（朱敬一，2013），歷年各運輸系統的排碳亦以公路系統為主，均佔九
成以上（能源局，2014）。面對全球氣候變遷與環境的惡化，臺灣從

　　根市已於2014年重建為同名，但收費的電動公共自行車系統。

5　www.bikesharingmap.com 。取用日期：2016年1月20日。

中央到地方莫不想方設法，降低整體的排碳量，而低碳運輸的政策與綠色運輸創新，就成為施政的一大目標。臺北市從2008年開始推動節能減碳方案，其中運輸部門的減量被視為十大要項之一，一方面要擴大大眾運輸網，整併公車路線，另一方面也要汰換現有公車為低污染耗能車輛，在此同時還須重新探索腳踏車做為日常生活交通運具的可行性，建構公共自行車租賃系統，試圖以大眾運輸結合自行車的方式，降低城市機動車的數量，達到減碳的效果。

2009年3月，臺北市在信義計畫區啟動「臺北市接駁型公共自行車租賃系統建制及營運管理示範計畫」之先期計畫，提供無人自動化且甲租乙還之自行車租借服務。2012年8月，臺北市公共自行車租賃計畫試營運啟動，三個月試營運期間，超過一百萬個騎乘數。根據統計，臺北市公共自行車租賃系統從2009年3月建置以來，站點從最初的5站500輛自行車，成長至196個站點，6,406輛車，而每個月的租賃人數也從7,873次，提升至約160萬次（2015年11月）。[6] 此外，每輛車每日15次的週轉率更是高居世界第一，而被認為是臺北綠色城市的奇蹟。[7]

另外一方面，高雄市甚至比臺北市更早，在2009年3月1日就已經正式啟用其都會網絡型的公共自行車系統。2010年時，高雄市的公共自行車系統甚至被CNN報導為亞洲最佳的五座自行車友善城市（Lam, 2010）。高雄市一開始委由統立開發所建立的租賃站數量就已經有20站和1,500輛腳踏車，並且在三個月內迅速增加到50站和

6　公共自行車相關數據，請參考〈臺北市交通統計查詢系統〉，http://dotstat. taipei.gov.tw/pxweb2007P/Dialog/statfile9.asp，取用日期：2016年1月20日。

7　湯佳玲，2015，〈24小時不打烊　YouBike周轉率傲視全球〉。自由時報，http://news.ltn.com.tw/news/life/breakingnews/1356154，取用日期，2016年1月20日。

4,500 輛腳踏車。在同一時間點，當臺北市微笑單車的服務範圍還限定在信義區時，高雄市已經全面拓展路網，一方面沿捷運各線設站，另一方面則是建立自行車專用道。然而，高雄市腳踏車系統初期較臺北市自行車系統的站數和自行車數都較多，使用人次卻只有9,588人次（2009 年 5 月，50 站全數投入），甚至到了 2011 年底也不見起色（高雄市公共腳踏車資訊網，2012）。

事實上，高雄市的公共自行車初期缺乏做為都會網絡系統的便利性，也缺乏微笑單車的品牌性。高雄市的「一卡通」（iPass）直到 2011 年 12 月以後才可以使用在高雄市公共腳踏車租賃系統之上，並且由接手的高雄捷運公司提出六十分鐘內免費的方案（迄今）；因此，初期的高雄市公共自行車系統的整合度仍不高。在地理上，也直到 2012 年 2 月因高雄縣市合併，所以開始將公共自行車拓展到高雄市區以外。因此，高雄市的公共自行車系統雖然較臺北市系統早正式營運，但同樣是在 2012 年的各方條件配合下，其使用人次才開始加速成長。而在品牌上，高雄市的公共自行車系統甚至直到 2013 年 12 月才正式定名為「CityBike」（Cbike），因此知名度大遜於臺北市的微笑單車系統。而高雄市公共腳踏車每月騎乘人數也遜於臺北市，每個月大約在 22 萬至 25 萬人次之間（高雄市公共腳踏車資訊網，2014）。

臺灣其它具有公共自行車或是觀光自行車系統的地區，還包括同樣屬於 YouBike 系統的新北市、彰化縣（Changhua YouBike）和臺中市（iBike）；獨立系統的則有屏東縣的 Pbike 和臺南市的 Tainan Tour Bike 。雖然都發揮一定接駁的功能，但對於城市交通量的影響仍遠不及其他大眾交通工具。

另一方面，臺北市公共自行車卻在環保署以及市政府本身的補助逐漸取消之後，出現成長趨緩甚至倒退的現象。根據表9-1，我們可以細看臺北市公共自行車設站的變化，從 2014 年 12 月完成建置 196

站為止，有整整近一年的時間未增加新的站點與自行車車輛數，原先
預計於2015年增至250個站點的設置計畫，也似乎在柯文哲入主臺
北市政府之後面臨停滯。另一方面，臺北市的公共自行車從2015年4
月開始實施前三十分鐘5元的收費之後，每月租用車次數隨即下降40
萬次，這似乎也顯示民眾初期對於公共自行車的支持與熱情，似乎是
建立在前三十分鐘免費所帶來的誘因，因此一旦優惠取消，民眾經濟
的理性計算，似乎降低了他們使用公共自行車的意願。

表9-1　臺北市公共自行車租賃情形（103/11-104/11）

	市區公共自行車租借站（站）	市區公共自行車總車輛數（輛）	租借次數（車次）
103年11月	180	5,911	2,129,694
103年12月	196	6,406	1,983,106
104年1月	196	6,406	2,270,149
104年2月	196	6,406	1,880,072
104年3月	196	6,406	2,065,266
104年4月	196	6 406	1,662,426
104年5月	196	6,406	1,554,657
104年6月	196	6,406	1,534,574
104年7月	196	6,406	1,584,211
104年8月	196	6,406	1,345,017
104年9月	196	6,406	1,483,945
104年10月	196	6,406	1,611,178
104年11月	196	6,406	1,601,139

資料來源：臺北市政府交通局。

　　由臺北市公共自行車的發展熱潮，我們想要知道的是公共自行車
是否達到它所預期的減碳效果？筆者試著找遍各種資訊管道來源，市
政府或是負責公共自行車營運的捷安特公司似乎沒有提出這方面的資

料，有的只是從使用次數與騎乘里程數去換算出減排的「理想值」、「預估值」，以及透過腳踏車的使用次數、數量、路線規劃所推估出來的「理想情境」，而沒有考慮到各種交通工具之間的替代效果以及整體運輸部門減碳的「實際值」，因此對於公共自行車與節能減碳之間的關係都還處於一廂情願的想像之中，至於實際的減碳情況是如何？

參、總結評述：公共自行車與減碳

> 「在半年的密集建制與規劃下，下一代公共自行車租賃
> 系統將成為更便利、更人性化與更符合騎乘者的綠色運具。
> 我們期待透過公共自行車改善交通及降低環境污染，……、
> 提升臺北市低碳城市形象，提升臺北健康樂活、環保減碳城
> 市形象。」（「臺北市公共自行車租賃計畫營運」試營運啟
> 動，2012 年 8 月 30 日）

一、公共自行車減碳了嗎？

臺北市的公共自行車是以環保減碳為終極目標，不論是環保署補助的原因，或者是個人使用的動機，也把創造綠色環境包裝成為騎腳踏車的行動理由。這樣的認知與實際的減碳效果，其實存在不小的落差。

2013 年 11 月，臺北市公共自行車在試營運一年多之後，租借次數突破 1,000 萬次，隔年 10 月突破 3 千萬人次，2015 年 3 月 16 日突破 4 千萬人次，到了 2015 年 11 月底，總租借次數超過 5 千 3 百萬，而當月的平均騎乘次數約 160 萬。前面我們已經提到，臺北市公共自行車開始收費之後，使用者已經回歸比較理性的使用方式，不再以免

費、不用白不用的心態看待市政府所建置的公共自行車，所以使用次數開始下滑。然而，如此高的自行車使用率，是否產生減碳的效益？實際的情況又是如何？

我們從表9-2可以看到2004年至2014年之間臺北市三大部門溫室氣體排放量的變化。從2009年開始，臺北市運輸部門溫室氣體的排放正式突破500萬公噸，佔整體排放量的比例也超越三成。公共自行車投入營運的幾年之間，臺北市交通運輸部門溫室氣體排放佔比絲毫未隨著公共自行車政策的擴展而有所趨緩，初期因為自行車數量與站點少，效益尚不明顯可以理解，但是隨著自行車越來越多，運輸部門排碳的佔比卻逐漸提高。雖然從實際排放量來看，實施公共自行車的七年來，2011與2014年兩年臺北市運輸部門的排碳的確有減少，但是其他幾年皆呈現上升的態勢，而且成長的量依然明顯。如果我們從這兩年捷運客次與公車客次的轉換來看，捷運客次不斷提升，而搭乘公車的人不斷下滑，這或許要歸於2010年年底蘆洲線的通車以及2013年年底信義線通車所產生的效果。說到底，公車客次的減少是因為捷運通車所產生的效應，又或者是自行車建制普及的效果，還需要比較長時間的觀察才可以獲得檢證。

這麼高的自行車使用率，並未達到節能減碳的實際效果，也讓我們重新思考公共自行車在大眾運輸所扮演的角色。交通部2014年年底所做的民調清楚地顯示，臺北市由於大眾輸運相對發達，因此在私人機動運具的市佔率是全國各城市最低，但是，在非機動的市佔率之中，自行車的表現並不是非常突出，自行車相較於步行尚有很大的發展空間。[8] 這突顯出腳踏車在整個大眾運輸之中的角色規劃，乃是針

8　交通部統計處，2015，〈「民眾日常使用運具狀況調查」摘要分析〉。https://www.motc.gov.tw/uploaddowndoc?file=public/201504301722381.pdf&filedisplay=103%E5%B9%B4%E6%B0%91%E7%9C%BE%E6%97%A5%E5%B8%B8%E4%BD%

對通勤的轉程為主，也就是最初端與最末端，而不是改變民眾從頭到尾的運輸方式，如此一來，騎腳踏車所節省的是原本步行所消耗的時間，而不是降低機動運具所消耗的能源。然而在行銷上卻不斷強打節能減碳的綠色效果，這也就牽涉到民眾使用公共自行車的動機，是否也同樣朝著綠色城市的目標邁進？

表9-2　臺北市2004至2014年三大部門溫室氣體排放量與大眾運輸使用人次

年度	運輸		住商		工業		捷運客次	公車客次
	萬公噸	佔%	萬公噸	佔%	萬公噸	佔%		
2004	425.16	27.70	1,055.32	68.76	8.30	0.54	350,141,956	624,895,923
2005	446.40	27.92	1,111.67	69.53	7.83	0.49	360,729,803	612,675,102
2006	453.42	27.94	1,135.23	69.95	8.59	0.53	383,947,560	616,105,356
2007	459.05	28.20	1,140.47	70.07	8.60	0.53	416,229,685	625,085,079
2008	456.34	27.82	1,166.78	71.14	6.45	0.39	450,024,415	652,649,449
2009	501.05	32.22	1,042.38	67.04	7.12	0.46	462,472,351	643,710,379
2010	518.26	33.42	1,023.47	65.99	6.43	0.41	505,466,450	642,229,690
2011	508.49	34.74	948.39	64.80	6.37	0.44	566,404,486	623,344,722
2012	519.81	36.06	928.46	64.40	5.49	0.38	602,199,342	615,128,357
2013	524.85	36.54	919.49	64.01	4.93	0.34	634,961,083	589,461,648
2014	514.71	37.24	922.00	63.39	4.69	0.32	679,506,401	518,981,806

資料來源：臺北市環保局網頁。

BF%E7%94%A8%E9%81%8B%E5%85%B7%E7%8B%80%E6%B3%81%E8%AA%BF%E6%9F%A5_%E6%91%98%E8%A6%81%E5%88%86%E6%9E%90.pdf&flag=doc。取用日期：2016年1月20日。

二、公共自行車取代了什麼？

　　民眾使用腳踏車的動機以及腳踏車所取代的運輸方式並沒有大規模的調查研究，現有的大數據研究主要針對路線使用與缺車風險進行營運特性的分析，並無法解決我們的疑惑。然而，透過賴淑芳（2014）所做的小規模調查，大致點出民眾使用公共自行車動機以及所取代的交通方式。根據有效樣本305份的調查問卷，大約七成的民眾使用臺北市公共自行車的時間在三十分鐘以內，使用原因前五名分別是便利（64%）、節省交通費（53%）、接駁運具（46%）、運動健身（38%）以及休閒（35%），在複選的情況之下，環保動機連前五名都排不上。接下來看看公共自行車的替代效果，民眾選擇微笑單車所取代的運具，第一名是捷運，而第二名是公車，再來是走路，第四位才是機車，至於佔臺北市運輸排碳最大宗的自小客車，基本上無人提及（請見表9-3）。

　　不論從使用動機與實際替代的運輸工具來看，公共自行車取代的恰恰是平均排碳量比較低的大眾運輸與步行，至於排碳的大宗如自小客車與機車，公共自行車的替代效果其實相當有限，這也是運輸部門排碳遲遲無法降低的主要原因。臺北市政府自行車道的規劃，初期以河濱外頭的休閒路線為主，市區的自行車通勤系統，因為涉及到整體道路的使用狀況，對於仰賴小客車與機車通勤的民眾來說，既缺乏吸引力，也缺乏使用上的便利性，造成公共自行車系統規劃所強調的節能減碳效應，遲遲無法發揮效果。如果再考慮收費之後帶來的排擠效應，公共自行車的發展在短期看來，並無法徹底改變民眾通勤所慣用的方式。

表9-3　微笑單車騎乘狀況

單選題				複選題			
項目	類型	次數	百分比(%)	項目	類型	次數	百分比(%)
平均一週期程次數	少於一次	69	22.6	使用原因	便利性	195	63.9
	1-5次	184	60.3		節省交通費	161	52.8
	6-10次	41	13.4		休閒	107	35.1
	11-15次	6	2.0		運動／健身	116	38.0
	16次以上	5	1.6		好奇心	68	22.3
平均單次騎乘時間	30分鐘以下	212	69.5		接駁運具	141	46.2
	31-60分鐘	71	23.3		環保	103	33.8
	61-90分鐘	18	5.9		時尚／流行	9	3.0
	91-120分鐘	3	1.0	微笑單車取代運具	公車	162	53.1
	121分鐘以上	1	0.3		捷運	190	62.3
租借是否方便	方便	184	60.3		計程車	11	3.6
	不方便	121	39.7		機車	85	27.9
主要騎乘時段	清晨6點前	5	1.6		自行車	37	12.1
	上午6-7點	30	9.8		走路	98	32.1
	上午8-9點	40	13.1		其他	9	3.0
	上午10-11點	27	8.9	租借問題（共121份答題）	租借時車輛有損壞	51	42.1
	中午12-1點	11	3.6		無車位可還	65	53.7
	下午2-4點	65	21.3		無車輛可借	81	66.9
	下午5-6點	19	6.2		場站自動服務機故障	35	28.9
	晚上7-8點	64	21.0		其他	4	3.3
	晚上9點以後	44	14.4				

資料來源：賴淑芳（2014: 27）。

三、從大眾運輸的一哩路到自行車城市？

我們必須重新思考公共自行車的角色與定位，公共自行車系統是
建置大眾運輸系統的第一哩與最後一哩路，建置的目標是希望透過公
共自行車，顛覆已經個人化的運輸工具，改變民眾（尤其是都會區民
眾）日常的通勤方式。因此，公共自行車的根本目標一直是城市（特
別是都會地區）的交通改善而非節能減碳。節能減碳乃是實現城市交
通系統順暢的副產物。但是，政府單位和自行車支持者卻直接把公共
自行車系統與綠能運輸掛勾，強調自行車改善城市空氣的附帶效應，
卻忽略公共自行車系統的主要目標並不在於此。一旦其他系統的便利
度不足，或是沒有配套的設施（智慧卡、可租還的站點數量、登記制
度、車體維護）時，公共自行車甚至連最起碼的便利交通功能都無法
發揮。若是沒有人願意騎，怎麼可能期待公共自行車系統能取代既有
的、方便的各種交通工具？又如何期待公共自行車有可能產生節能減
碳的效應？當高雄市站數同樣多，車輛數更多時，為什麼使用量較
低？其理由與效果也就很明顯。[9]

從政策規劃的角度來看，目前支持公共自行車系統建置的資金來
源，有一大部分來自於空氣污染基金，而建置目標也強調節能以及對
空氣的改善，因此公共自行車的規劃來自於運輸部門，但是支撐公共
自行車許多資金來源卻落在中央的環保署以及地方的環保局，這也就
顯現出決策目標以及方向問題，透過環保來改善運輸，相較於透過運
輸來提升環保，兩種不同邏輯出發，其實會產生不同的政策方向，而
其所帶來的長期效應也會非常不同。從數據來看，臺北市目前並無法

9　高雄市公共腳踏車資訊網，2014，〈高雄市公共腳踏車租賃系統使用人
　　次資料〉。高雄市公共腳踏車資訊網，http://www.c-bike.com.tw/Uploads/
　　NewsFile/250.pdf。取用日期：2016 年 1 月 20 日。

用公共自行車來取代機車與汽車，它所取代的就是平均碳排比較低的大眾運輸與步行，也就是將角色限定在最初與最後的一段哩程，從現有的數據來看，這對於提升節能減碳的效果其實也相當有限。

　　眼前臺北市公共自行車蓬勃發展，讓騎上公共自行車的人內心滋生了一種「低碳發展的幻象」，不少民眾相信自己每趟三十分鐘以內的騎乘，就已經對環保盡了一份很大心力；相信每個月 160 萬次的使用次數，就可以讓臺北市轉型為一個綠色城市；也相信民眾逐漸為了環保，而選擇放棄排碳與污染比較嚴重的汽車與機車等私人機動運具。事實上，過去臺北市民對公共自行車的支持，有一部分是建立在三十分鐘免費的誘因（節省交通費）。如果我們持續追求此種幻象，而未重新反思大眾運輸的規劃以及綠色運輸的整體意涵，綠色運輸城市很可能成為幻象之下的泡影，而運輸部門的節能減碳也將離我們愈來愈遠。

參考文獻

朱敬一，2013，《能源國家型科技計畫第一期程（2009-2013）目前執行內容與成效」專案報告》。臺北：行政院國家科學委員會。

能源局，2015，《能源統計年報2014》。臺北：經濟部能源局。

蕭再安，2010，〈結合社會創新與技術創新之綠色運輸策略〉。《應用倫理評論》48: 85-100。

顏君聿，2009，〈我國運輸部門低碳發展策略探討〉。《能源報導》32(6): 13-16。

賴淑芳，2014，〈公共自行車租賃系統之城市行銷與產品定位——以臺北微笑單車為例〉。《都市交通半年刊》29(1): 20-31。

Midgley, P., 2011, *Bicycle-Sharing Schemes: Enhancing Sustainable Mobility in Urban Areas*. Paper presented at the Commission on Sustainable Development, Nine teenth Session, New York. http://www.un.org/esa/dsd/resources/res_pdfs/csd-19/Background-Paper8-P.Midgley-Bicycle.pdf

Lam, T., 2010, "5 best biking cities in Asia." In *CNN Travel*, http://travel.cnn.com/explorations/play/asias-most-bike-friendly-cities-98237 (Date visited: Jan. 21, 2016).

第五部分

能源轉
型策略
與挑戰

能源轉型的地方戰略：城市能源公司

林子倫

國立臺灣大學政治學系副教授暨

臺大社會科學院風險社會與政策研究中心研究員

壹、氣候風險下的地方能源轉型

　　能源轉型（energy transition）的倡議論述，隱含著永續發展的社會想像，與文明根源變革等深刻意涵。換言之，轉型的意涵不僅是資源使用的技術改變，還包括社會文明、價值觀的根本性變化。事實上，從各國逐漸降低化石燃料使用，轉向發展再生能源的同時，代表著當前社會在面臨政治、經濟、技術等層面之挑戰，進行制度安排的重新選擇。這一波的能源轉型，乃是從大型、集中式（centralism）的壟斷模式，轉向分散式（decentralism）、地方型的能源結構。轉型來自幾個主要的驅動力：一是石油的匱乏和價格波動，引發尋找替代能源的需求；其次是全球氣候危機，引發溫室氣體排放的管制，驅動了再生能源的快速發展。除了強調低碳、效率、韌性（resilience）等轉型目標，更重要的是，這一波的轉型，也揭示了新的政治意義：能

源民主（energy democracy）。因為在新的分散式能源系統下，利潤分配更具正義性，在地居民、社區組織、社會企業等，亦能夠參與決策或計畫投資。而地方政府將在新的能源系統與治理框架中，扮演舉足輕重的角色。

基於上述的脈絡，可以理解這樣的能源轉型方向，不僅是國家層級的制度發展趨勢，亦是地方呼應全球氣候治理網絡型態所做出的角色調整與行動回應。本文認為，透過建構城市能源公司（municipal energy company），或者地方型電力公司（local electric utility），讓地方政府與市民，擁有對於地方能源政策的發言權及決策權，引領社會及技術系統的變遷，將是這一波能源轉型的關鍵戰略。

在概念上，地方型能源公司的組織模式，其特色在於將電力生產和服務提供，交由地方政府經營與管理，而非完全「去管制化」（deregulation）；對於是否要參與競爭性能源市場，地方政府擁有選擇權。[1] 將這種組織模式視為重要的策略途徑，理由主要有二：就國家的層次而言，地方型能源公司的發展型態，強化朝向低碳社會發展的重要條件，包括權力結構的翻轉、能源安全的控管與依賴性能源結構的改變，或是有助於改善現有的資源分配、資訊交換機制等。就地方的層次來說，這種模式的運作，將使地方能源治理結構與制度安排，更具透明、民主與彈性，例如地方政府能在政策規劃與執行過程中，考量在地特性，納入多元利害關係人之意見與需求。其次，地方型的公共電力公司（public power utility），也較能強化多層次的網絡連結，例如促進鄰近社區的協力、知識移轉，或者強化區域合作等，

1　Brittany Williams, 2014, "What's the Difference Between a Co-op and a Utility?" In *SaveOnEnergy*, https://www.saveonenergy.com/f-a-q/whats-the-difference-between-a-co-op-and-a-utility/ (Date visited: January 7, 2016).

帶來賦權（empowerment）的正面效益。本文強調，地方能源公司除了是國家能源轉型的重要戰略，亦將扮演地方轉型的關鍵節點。

貳、地方政府經營能源公司的優勢

自 1980 年代以來，新自由主義的思潮影響下，「去管制化」成為歐美各國行政組織的目標。政府開始將自來水、天然氣，或是電力供應等公共服務，下放授權或透過市場機制運作，企圖削減政府赤字，增加彈性；同時，政府藉由不同類型的組織與靈活的執行方式，滿足各利害關係人之需求。然而，這種強調市場競爭、完全自由化之電力市場，往往產生財團壟斷等市場失靈、漠視分配正義等問題。各國政府亦開始反省信任、在地社群對於公共治理的重要性。

接續這樣的歷史脈絡，與能源轉型的發展軌跡，可以發現歐美國家開始朝向以地方能源公司（municipal energy company; local electric utility）的組織形式做為轉型的策略。在美國，更有多達 2,000 多家地方型電力公司（municipal electric utilities），[2] 可見其非屬特殊的組織型態。學者 Wollmann（2012）進一步指出地方經營的電廠四項優點。其一，矯正市場失靈。若由地方政府參與或經營能源公司，較有可能避免財團壟斷，並降低「不完全競爭市場」帶來的社會「無謂損失」（deadweight loss）。第二、地方政府導入企業知識與政策工具，將盡可能提高資源配置的效率與效能；第三、若由地方當局控制與管理能源公司，電力生產與電網配置較能因地制宜，滿足社區

2　Delaware Municipal Electric Corporation, 2014, "DEMEC History." In *DELAWARE EUNICIPAL ELECTRIC CORPORATION*, http://www.demecinc.net/History/ (Date visited: January 7, 2016).

居民或其他用戶的需求，也能隨著政經脈絡與在地特性進行調整，促進在地能源自主。最後，在維持效率的前提下，同時兼顧公共性（publicness），以及確保公平的分配結果、平等的使用權利等基本價值的維護。除此之外，本文認為，地方能源公司亦能作為解決地方財政、增加在地就業機會[3]之策略途徑。同時，透過地方型、分散型的能源生產，也較能分散發電、用電之風險，具有風險分擔等效果。

綜合以上，可以理解地方政府投入能源公司的意涵。根據聯合國環境規劃署之報告（UNEP, 2015），地方政府在能源轉型，以及地方型能源公司發展過程的角色，可分為以下類型。其一，地方政府可做為規劃者與管制者（planner and regulator），建立資源運輸制度，或者負責長期、在地的空間與能源規劃；第二、地方政府做為協助者（facilitator），說明地方政府應要協助企業、居民等利害關係人，一同參與能源公司的規劃或運作，或是幫助消除經濟或制度上的障礙；第三、供給者與消費者（provider and consumer）的角色，強調地方權威應主動提供直接的公共服務，例如：電力、熱能、生質廢料管理，並購買相關之能源與設備。最後，地方政府亦可以合作者與倡議者（coordinator and advocate）的面貌，扮演「服務」的角色，與在地社群一同協力、規劃或執行能源政策。

3　大紀元，2015。〈電業自由化。台學者：需保公共性避財團壟斷〉，大紀元網頁，http://www.epochtimes.com/b5/15/10/4/n4542664.htm，取用日期：2015 年 12 月 16 日。

參、城市能源公司的組織型態與運作模式

依照不同的發展階段，歐洲各國能源公司之組織型態與運作模式，可以區分為三種類型（Wollmann, 2012）：（一）由中央國家所控制的國有化（nationalization）類型、（二）委由市場、企業提供公共服務的私有化（privatization）階段，以及（三）下放至地方政府執行的市有化（municipalization）模式。環顧歐洲諸國的能源公共服務，在發展初期雖有不同規劃設計，但整體的趨勢多逐漸朝向「再市有化」（re-municipalization）的路徑邁進。其軌跡動態如表10-1所示：

表10-1　歐洲能源公司的動態發展

國家	初始情況（historical starting condition）	福利國家（Welfare State）	新自由主義（neo-liberal）	再市有化之比例（rate of recent of re-municipalization）
英國	地方政府	國有化	私有化	＊
法國	地方政府＋私有公司	國有化 e.g. EdF＋地方政府	私有化 e.g. EdF＋地方政府	＊
義大利	地方政府＋私有公司	國有化 e.g. ENEL＋地方政府	私有化 eg. ENEL＋地方政府	＊
德國	地方政府＋私有公司	私有化（主要）＋地方政府（次要）	私有化（主要）e.g. RWE, E.on, EnBW, Vattemfall＋地方政府（次要）	＊＊＊

資料來源：作者整理自 Wollmann（2012: 18-19）。

　　若更進一步聚焦於「城市能源公司」（municipal energy company; local electric utility）的組織類型，尚具有兩種層面的特性（Wollmann, 2012: 22）：其一，從地理區位的角度，來判斷哪裡（where）適合經營或擁有這樣的能源公司。譬如：在地本身擁有豐碩的再生能源，如：地熱、風力，或者太陽能等資源，或是在地經濟、社會與環境發展，已面臨極大的挑戰與危機等。同時尚需考慮地方政府的能力與區域特質。

　　另一方面，從實質運作結構與功能差異，區分如何（how）經營能源公司。譬如：哪些行為者應扮演主導角色，或者擁有組織的所有權（ownership）？在地居民是否能直接參與組織決策？資金來源有何不同？組織的政策目標為何？或是具有什麼樣的風險分擔效果？依照這些特性，又可區分出公共模式、市場模式、夥伴關係模式，以及公民參與模式（參見表10-2）。分別討論如下：

一、公共模式

　　公共模式是指由地方政府在能源公司（public power utilities）的經營上，負責在地空間與能源規劃，或是設計並執行資源傳送、資訊交換，或者政策工具的選擇。這樣的運作優勢在於較能確保公共利益的實踐，並提供在地社區可信賴、具回應性、以及非營利之電力公共服務；[4] 惟地方政府所要負擔的風險與責任，也相較其他模式還要來的大。同時，運作上可能較缺乏效率，且當地居民不能直接享有組織之所有權（ownership）。不過，居民能夠透過選舉投票等方式，選擇

4　American Municipal Power, 2016, "Public Power utilities." In *PUBLIC POWER PARTNERS*, http://www.amppartners.org/consumers/what-is-public-power (Date visited: January 7, 2016).

並監督擁有實際管理權的市議會代表，因而間接參與了電力公司運作
的決策過程。此外，民眾亦能透過公共論壇、城市諮詢會議等途徑發
聲，給予地方政府實際建議。[5]

　　具體個案如荷蘭的阿姆斯特丹（Amsterdam），當地政府就曾建
置能源地圖（Energy Atlas），依照在地情境，標示推薦使用不同的分
散型能源技術與商業模式；同時將該資訊放置於政府網站提供大眾下
載使用。[6] 挪威卑爾根（Bergen）在整體城市規劃中則納入能源發展
的思考，在發展輕軌（light-rail）等交通建設的同時，也擴展了新的
分散型能源網絡（UNEP, 2015）。

二、市場模式

　　此模式主要由私人企業主導發動，並維持能源計畫與電廠運作；
地方政府主要功能在於協助相關制度的建立，或者消除經濟障礙，角
色較為被動。此模式較能維持較高之經營效率、獲得較大的公司產能
與利潤，但也會限制在地社群的參與深度，甚至犧牲一定程度的分配
公平。

　　具體實踐個案如丹麥的齊斯泰茲（Thisted），以 Varmeforsyning
私人能源公司控制與負責在地的暖氣供應系統。或者在羅馬尼亞北
部的博托沙尼（Botosani），由於地方政府缺乏足夠的資源經營與
運轉能源公司，故選擇與國際金融公司（The International Finance
Corporation, IFC），以「共同融資」（co-financing）等方式經營。地方
政府在此多扮演協助者的角色（UNEP, 2015）。

5　Brittany Williams（2014），同註一。
6　這些資訊包括：在地再生能源的潛力評估、在地願意投資、運輸、或消費等社
　　會指標、現有的資源與網絡盤點、或者已存在或即將進行的再生能源計畫等等。

三、夥伴關係模式

此模式試圖透過公私協力的途徑經營在地能源公司與電廠，被認為可能在兼顧經營效率下，維持一定公共性（publicness）。不過，協力合作的順暢，仍要視地方政府、私人公司與社區之間如何建立有效的溝通互動。地方政府在此主要扮演供給者與消費者的角色。一方面提供直接的公共服務，同時使用在地生產的電力資源。

以法國巴黎（Paris）為例，該地方政府持有巴黎熱能公司（Paris Urban Heating Company, CPCU）股份，能夠和私部門合作經營公司，發展國家供暖網絡系統與建築等。瑞典南部的韋克舍（Växjö）發展生質能源，也採取公私夥伴關係的形式，和在地能源公司進行合作（UNEP, 2015）。在美國，還有類似公共電力公司聯盟（American Public Power Association）等組織，[7] 其目標就是希望能同時兼顧消費者的公共利益，並維持競爭性。

四、公民參與模式

公民模式由在地社區的居民或市鎮鄉紳自主成立與經營地方能源公司。地方政府主要的工作在於引領政策計畫的運行，或者監督評估，扮演合作者或倡議者的角色。這種「社會企業」模式與私人公司不同，較注重公益的目標，而非以利潤至上，甚至還會將一部分之利益回饋於在地社區。

以德國法蘭克福（Frankfurt）為例，地方政府主要提供免費諮詢（UNEP, 2015）。又如在匈牙利西部韋普（Vep），在地的 SzeleroVepKht

---

7　American Public Power Association, 2016, "About APPA." In *American Public Power Association*, http://publicpower.org/ (Date visited: January 7, 2016).

能源公司，主要由社區幾位重要人士組成，地方政府執行監督。社區
居民或參與者，可以共同分享該公司部分的利潤與電力供給（林子
倫、曾棠君，2010）。

表10-2　地方能源公司的運作模式

運作模式	公共模式	市場模式	夥伴關係模式	公民參與模式
組織結構	地方政府主導	私部門主導	公私協力	社區主導
策略目標	公共利益	利潤	利潤與公共利益	公共利益
風險分擔效果	集中	分散	分散	分散
地方政府的角色	規劃者與管制者（planner and regulator）	協助者（facilitator）	供給者與消費者（provider and consumer）	合作者與倡議者（coordinator and advocate）
實際案例	荷蘭 Amsterdam、挪威 Bergen	丹麥 Thisted、羅馬尼亞 Botosani	瑞典 Växjö、法國 Paris	德國 Frankfurt、匈牙利 Vep

資料來源：作者自製。

肆、地方能源轉型個案

一、城鎮轉型運動

城鎮轉型運動（Transition Town Movement）始於2006年之英
國西南部的 Totnes，主要目的在於回應氣候變遷的衝擊、降低在地
對化石燃料的依賴和能源減耗（energy descent），以建構永續韌性
（resilience）的城鎮為目標。轉型的概念來自於教導「樸門永續生活
設計」（Permaculture）的英國學者 Rob Hopkins 與其研究團隊。這項
運動的特徵強調在逐步淘汰化石燃料的「後石油時代」中，城鎮與社

區必須建立更具韌性的思維和策略，才能在不確定性之風險衝擊下
（如石油危機、食物短缺等），快速、彈性地進行調適與回應。城鎮轉
型運動發展出多元層面的治理機制，包括在地食物與農業發展；社區
型之醫療照護體系、教育網絡；以及在地自主經濟、運輸以及能源等
（Hopkins, 2008; Connors & McDonald, 2010）。

　　值得注意的是，雖然上述轉型過程，牽涉複雜的社會與歷史脈
絡，但運動的核心理念乃是促進「地方能源轉型」，亦即希望利用零
碳排的再生能源，搭建永續城鎮的發展樣貌。這些行動計畫的內容，
包括提升在地再生能源的使用，如風力、太陽能等之生產、設計與打
造具節能效果之生態建築、販售以再生能源所生產出的商品、增加能
源使用效率、建設適合的能源儲存系統與設備、善加利用在地資源，
並依社群需求發展適合的電力分配規模，降低化石燃料的依賴。城鎮
轉型運動在 2008 年起快速擴展到紐澳、北美、德國與日本等四十餘
國超過一千個城鎮，成為推動地方能源轉型的實踐場域與關鍵基地。

二、柏林：電力「再市有化」運動（New Energy for Berlin）

　　柏林的電力公司在 1997 年開始私有化的進程，當時柏林市政府將
電力服務、公共建設和 Bewag 公司賣給了瑞典的能源公司 Vattenfall。
然而，遵循市場導向，強調自由化、私有化的電力公司型態，存在幾
項嚴重的問題，包括無法有效維持市場運作效率，導致電力價格不斷
調漲，服務提供品質卻下降的情形；其次，公司利益分配僅限縮其
董事會及股東，無法關照到更廣泛的公共利益。因此，柏林能源論
壇（Berlin Energy Roundtable）在 2011 年由數個跨黨派的民間組織共
同發起，嘗試建立一個開放平台，提供公民或是各個團體參與機會，
討論柏林市能源供應，以及相關生態、社會正義、能源民主等議題。

New Energy for Berlin 運動不但企圖讓電力供應重新公有化或「再市有化」（re-municipalization），更進一步要求能源供應的公共參與，加速能源轉型的步伐。柏林能源論壇一共提出七項支持能源供應公有化的論述：[8]

（一）能源供應屬於柏林市重要事項，應該考慮全市的最大利益。

（二）去除私有化，則有機會實現100% 的綠能發電（不僅考量商業利益）。

（三）長期而言，能源供應可以充實市府的財政。[9]

（四）市民應該有權利決定能源供應的政策方向，市民有權選出能源官員。

（五）市政府應該有義務控制能源消費（補助貧窮的家戶）。[10]

（六）市政府應該有義務進行能源轉型，實現低碳發電的願景。

（七）能源供應的政策應該透明化，資訊應該公開給市民知曉。

　　柏林能源論壇在2013 年2 月發起公投，至當年6 月底已經有超過二十萬人聯署支持，進而促成後續公投的執行。雖然公投最後未能達到法定的投票率而以失敗告終。然而，參與投票者的贊成率高達83%，顯示這場運動不僅是環保意識或市民自主之單純意涵，它更象徵柏林市民對於新能源自主的願景與想像的萌發。

8　Berlin Energy Roundtable, http://www.berliner-energietisch.net/english-information (Date visited: February 14, 2016).

9　參考 Exberliner 德國英文報網站，認為重新公有化最重要的目的為「讓能源利益歸公」。網址：http://www.exberliner.com/blogs/the-blog/john-riceburg-power-to-the-people/，取用日期：2016 年2 月14 日。

10　參考網站：http://www.municipalservicesproject.org/blog/gaining-public-ownership-electricity-berlin 。

伍、地方能源轉型的挑戰

　　這種具有自我依賴（self-reliance）、彈性的地方型能源公司運作模式，若要做為能源轉型的策略，仍須面對諸多挑戰與限制。首先，這樣的模式，除了可以提升在地社會之權力，或建立起各利害關係人之間的信任關係，也有可能落入「在地化的陷阱」（local trap）（Catney *et al*., 2014; Purcell, 2006）。地方政府體系與在地脈絡的差異之下，有些地方政府可能無法建構整合的策略模式，或者缺乏能力與其他利害關係人建立合作的夥伴關係（Michael & Stoker, 2014）。此外，地方政府在現行的法規、預算條件下，組織是否能維持自主性，是另一項挑戰。

　　其次，各方利害關係人之協力如何進行亦是一大考驗。從行動者互動的角度來看，相關組織模式是否能有效運作，也牽涉各利害關係人的溝通關係與協調關係（Gronkvist & Sandberg, 2006）。如果協力治理的範圍，超過一定限度，諸如規模區域太大、參與者太多、網絡太複雜，可能也會面臨執行的困境。換言之，如何有效調和利害關係人之間的動機、信念、資源與目標，會是影響後續運作的關鍵因素。第三、財務面也有獲益延宕的挑戰。地方能源公司之運作模式，雖然較能夠滿足地方需求，發展在地特色、連結鄰里、社區或學校等網絡，帶來經濟回饋。然而，地方能源公司往往無法產生「立即」的財源挹注。因此，初始階段，如何降低可能帶來的經濟、財務風險，將是該制度持續運作的重要挑戰。

　　最後，課責機制也面臨諸多難題。這種組織模式之動態運作，涉及多元的利害關係人，包括私人企業、地方政府與社區。在這樣的治理結構下，如何避免規劃與執行過程中的財政腐敗、資源分配不平均等失靈現象仍待解決。要如何設計多元、不同型態的課責機制

（accountability mechanisms），例如財政、資訊透明、績效評估，或者審議課責等，促進模式有效運作，將會是另一項挑戰。

陸、結語：城市作為能源轉型的關鍵節點

　　地方能源公司做為能源轉型策略的發展趨勢，反映社會對於傳統政治權力的反思與批判。各國逐漸認知到長期以來官僚壟斷、菁英治理的政治結構，導致再生能源政策無法有效規劃與執行，而發生失靈的問題，因此嘗試透過解構傳統的發電模式，發展分散式、地方性之組織型態，來因應氣候危機，建構低碳經濟與永續發展的社會。同時，賦予受到公共服務設施影響的民眾參與決策的權力，重新創造民眾對地方政府的信任與良性互動，減緩後續爭議發生之可能性。

　　綜言之，能源公司的「再市有化」係為實踐能源民主的一項重要途徑。在這個轉型過程中，透過參與公司經營的運轉，市民重新參與能源生產政策與分配。包括電力公司對於能源型態與廠址的規劃（例如再生能源或化石燃料的選擇），電力收費價格的合理定價（例如是否完全依成本販售？還是積極考量弱勢群眾無法負擔電費的能源貧窮（energy poverty）問題）。由地方政府經營能源公司，將是地方能源轉型的重要戰略之一。由於城市在全球經濟體系生產、技術與能源消費的角色，地方型能源公司的設立，將可讓城市成為全球氣候治理與能源轉型的關鍵網絡節點。除了可確保電力事業的公共性，增加地方政府財源、就業機會，同時強化在地能源自主的可能性。

參考文獻

大紀元，2015，〈電業自由化　台學者：需保公共性避財團壟斷〉。大紀元，http://www.epochtimes.com/b5/15/10/4/n4542664.htm 。2015/12/16。

林子倫，2014，〈公民參與再生能源發展：社區風電的運作模式初探〉。收錄於范玫芳等主編，《公民能不能？：能源科技、政策與民主》。新竹：交通大學出版社。

林子倫、曾棠君，2010，〈公民參與風力發電計畫──匈牙利 Vep 市推動之經驗〉。《能源報導》，11: 23-26。

American Municipal Power, 2016, "Public Power utilities." In *PUBLIC POWER PARTNERS*, http://www.amppartners.org/consumers/what-is-public-power (Date visited: January 7, 2016).

American Public Power Association, 2016, "About APPA." In *American Public Power Association*, http://publicpower.org/ (Date visited: January 7, 2016).

Brittany Williams. 2014. "What's the Difference Between a Co-op and a Utility?" In SaveOnEnergy, https://www.saveonenergy.com/f-a-q/whats-the-difference-between-a-co-op-and-a-utility/ (Date visited: January 7, 2016).

Catney, Philip, *et al.*, 2014, "Big society, little justice? Community renewable energy and the politics of localism." *Local Environment* 19(7): 715-730.

Connors, Phil & Peter McDonald, 2011, "Transition communities: community, participation and the Transition Town movement." *Community Development Journal* 46(4): 558-572.

Delaware Municipal Electric Corporation, 2014, "DEMEC History." In *DELAWARE EUNICIPAL ELECTRIC CORPORATION*, http://www.demecinc.net/History/ (Date visited: January 7, 2016).

Gronkvist, Stefan & Peter Sandberg, 2006, "Driving forces and obstacles with regard to co-operation between municipal energy companies and process industries in Sweden." *Energy Policy* 34: 1508-1519.

Hopkins, Rob, 2008, *The Transition Handbook: From Oil Dependency to Local Resilience*. UK: Green Books.

Purcell, M., 2006, "Urban democracy and the local trap." *Urban Studies* 43(11): 1921-1941.

Rich, Michael J. & Robert P. Stoker, 2014, "Local Governance Structures and Processes." Ch. 4. Pp. 85-102 in *Collaborative Governance for Urban Revitalization*. Ithaca: Cornell University Press.

Rothstein, Bo, 2007, "Political Legitimacy for Public Administration." In *The Handbook of Public Administration*, edited by B. Guy Peters & John Pierre. Los Angeles, CA: Sage.

The United Nations Environment Programme (UNEP), 2015, "Direct Energy in Cities." Available in http://www.unep.org/energy/portals/50177/DES_District_Energy_Report_full_02_d.pdf (Date visited: December 16, 2015).

Van der schoor, Tineke & Bert Scholtens, 2015, "Power to the people: Local community initiatives and the transition to sustainable energy." *Renewable and Sustainable Energy Reviews* 43: 666-675.

Wollmann, Hellmut, 2012, "Public Services Provision in European Countries from Public/Municipal to Private Sector –and back to municipal?" *Paper presented at the Meeting of International Political Science Association* July 8-10, Madrid.

能源轉型的在地實踐：社區型能源與公民電廠

高淑芬

佛光大學社會學系助理教授暨

臺大社會科學院風險社會與政策研究中心研究員

壹、前言

在全球氣候變遷減碳要求，以及各國公眾尋求能源安全呼聲下，自 1980 年代世界各國啟動「能源轉型」，特別是在德國。臺灣社會近年啟動能源轉型之推動力，除了面臨國際溫室氣體減碳壓力，2011年日本福島核災更驅迫各國與臺灣社會對核能的反省。[1] 2015 年 12月近兩百個國家在巴黎達成具法律拘束力的全球氣候協定──《巴黎協定》。《巴黎協定》被譽為第一個真正的全球氣候協議，富國和窮國都承諾致力抑制不斷增加的溫室氣體排放，也將促成依賴石化燃料驅

---

[1] 不少歐美國家在 2011 年的福島核災後紛紛加速再生能源的發展，例如：德國宣佈到 2030 年，預計再生能源將提供其能源的 45%，並承諾在 2022 年關閉所有核電廠。法國國民議會（下議院）於 2015 年 7 月 22 日正式通過能源轉換法案，規定至 2050 年，全法國的能源消耗量必須減半，並在 2025 年以前要將發電量中的核電比例從現在的 75% 調降至 50%（劉惠慈，2015）。

動的世界經濟逐步轉型，並設定廣泛長期目標，要在本世紀達成淨零排放。臺灣雖無法參加協定，仍將受衝擊。《巴黎協定》展示的減碳共識，代表碳定價的時代來臨，能源轉型將為趨勢，化石燃料補貼得逐步取消。換言之，臺灣不僅須改變以低電價來維持產業價格競爭力的思維，更必須朝再生能源的發電佔比所塑造的低碳能源與綠色經濟社會方向邁進。

綜觀世界主要工業國家，除了韓國與臺灣，再生能源佔該國發電比例至少已經達12%以上。值得注意的是，在世界主要國家的能源轉型計畫中，在地的公民參與和地方政府的主導，是能源轉型執行過程中不可或缺的一部分。在德國，能源轉型除了由國家引領企業投入資金之外，最重要的是在全民已取得節能共識下，讓地方政府進行主導，進行社區式與分散式的解決方案，讓在地社區可以針對社區的特色發揮能源上的創意，例如：節能、閒置地發電等，也因此德國全速推動其能源轉型計畫的前提下，得以毅然推動廢核的政策。在各國能源轉型的浪潮中，社區型能源（community energy）和公民電廠（people's power plant）正如雨後春筍般地在各地出現，不僅滿足了在地社區的用電需求，同時也促進了社區的永續發展，這個能源轉型的在地實踐方式值得臺灣社會急起直追。本文在第二節討論「能源民主」在能源轉型之重要性，接著在第三節說明社區型能源與公民電廠的特性。第四節則介紹兩個案例：日本「藤野電力」公民電廠與臺灣汗得學社的「一人一千瓦」公民電廠。最後，筆者提出每個公民可以參與在能源轉型的幾個層面。

貳、「能源民主」在能源轉型之重要性

「能源民主」有多種定義，其中有個廣泛的定義在 2012 年被提出：「能源民主就是確保每個人都能獲得足夠的能源，此外，能源必須以一種不危害環境與人體健康之方式生產。具體而言，這意味著離棄以化石燃料生產能源，使能源生產方式更民主化，並且改變我們對能源消費的態度。」[2] 此外，城市做為一個主體，應對能源民主有創新願景，減少化石燃料的使用並以獎勵制度鼓勵市民減少能源消耗。[3]「能源民主化」理論觀點認為在能源轉型過程中將有助於政府的權力下放，並讓權力變得扁平化。由於目前全球的能源仰賴化石燃料與大型火力發電設備，使全球人民只能極度依賴石油輸出國與發電者；然而，未來的新能源型態將會對全世界的經濟社會產生劃時代改變。Rifkin（2013）認為全世界正面臨一場能源革命，而這場革命也將改變全球的政治社會格局，透過小型的社區發電或節電措施，能源得以用一種分散與扁平式之方式進行重新分配，這將打破集中威權式政治社會型態，讓較低度開發的地區得以建立新的能源產業，並強化公民社會的全面發展。也因此，新型態的再生能源產業，讓地方社區可以根據在地特色實施不同的計畫，盡量在能源上做到自給自足，這種分散式、社區型的能源計畫，不但具有彈性，同時也較能得到民眾的配合。

2　資料來源："What is Energy Democratcy?" In *Office for a democratic transition to renewable energy*, http://energie-demokratie.de/what-is-energy-democracy/ (Date visited: January 7, 2016).

3　資料來源："What is Energy Democratcy?" In *Office for a democratic transition to renewable energy*, http://energie-demokratie.de/what-is-energy-democracy/ (Date visited: January 7, 2016).

　　目前在學界與各國政界，已有越來越多聲音認為由地方社群來主導能源計畫，將比由政府主導的「由上而下」（top-down）的大型計畫較有前景。英國能源與氣候變遷部（Department of Energy & Climate Change, DECC）在2010年曾發表聲明，肯定地方社區發電計畫，並認為地方社群發電是能源轉型中「對於擴大社會力量推動轉型的完美詮釋」（DECC, 2010）。Rogers等人（Rogers *et al.*, 2008）對於英國的研究亦發現，儘管英國民眾對於地方型能源計畫普遍看好，但因英國仍然是屬於大型電力公司主導的轉型模式，因此民眾多半不將自己視為這些計畫的領導者，是故參與的意願亦相對降低，這樣的發展方式，也影響了能源轉型計畫的靈活性與效果。

　　能源轉型能取得較佳的進展，多與全民參與分散式的能源創新有關，根據Szulecki等人（Szulecki *et al.*, 2015）在德國與波蘭的比較研究，發現同樣面對歐盟的能源轉型壓力，當德國減少大電廠壟斷時，波蘭卻採取相反的作法，持續以國家補貼與投資的方式進行大型再生能源計畫，結果是當能源政策舉棋不定時，計畫即很難收效；而根據波蘭廢核的經驗來看，波蘭的廢核過程相當冗長，成本也不貲，問題同樣出在「所有的改革都仰賴國家啟動大型的能源計畫」。反之，德國在轉型過程中高度強調地方參與，因為地方型的能源計畫原本就不是以資金與投資規模見長，而是仰賴地方民眾集思廣益，從地方的特色挖掘出可能的契機。緣此，德國的《能源轉型法》都在條文中明訂公民參與的必要性，由於官民溝通的效果有限，因此德國的能源轉型方案特別強調公民直接參與和地方社區自主，希望在政治、經濟與社會領域中都達到公民參與的目標（Schweizer *et al.*, 2014）。透過能源轉型而強化公民社會在各治理領域的角色，以德國能源轉型計畫的過程來看，其成效似乎是一體兩面的。

參、社區型能源與公民電廠

Hielscher 等人（2013）指出社區型能源的幾項特質和那些由政府或大型企業開發的能源不同。首先，社區型能源是多面向，很少僅涉及單一發電技術或行為層面；更常見的是，他們結合效率與行為，應用於微型發電，進行全面性的革新（Gardiner et al., 2011）。其次，透過連結一群具有共同目標的人，他們克服結構的限制，以賦權方式，使社區集體改變自己的社會、經濟和技術環境，鼓勵更永續的生活方式並實踐出來（Seyfang & Haxeltine, 2012）。第三，他們強調公民參與在解決永續能源問題時，有能力建立地方知識與網絡，並找出適合當地情況的解決方案。這可以包括社區發展、解決燃料貧困和地方經濟發展、自治、參與民主（Hoffman & High-Pippert, 2010）。因此，社區型能源提出的目標，遠遠超出了政策工具性的能源生產、減碳、財務效益，並納入更廣泛的永續發展目標（Seyfang et al., 2013）。

社區型能源與公民電廠成功與否環繞在以下幾個內部與外部因素：（一）是否有一群人願意委身於推動計畫，維持動能，面對挑戰時也不退後；（二）執行計畫時有足夠的時間、資訊、技能、金錢與各項資源；（三）計畫的設計必須是能滿足社區的需求，讓社區參與，並且建立互信；（四）網絡：能形成相互支持的協力網絡、分享資訊的網絡，並且能和其他群體分享資訊；（五）政策：國家有支持的相關政策來促進社區型能源和公民電廠的發展（Seyfang et al., 2013）。

肆、社區型能源與公民電廠案例

一、日本的「藤野轉型」運動與「藤野電力」公民電廠[4]

在日本神奈川縣相模原市的藤野區（人口約 1 萬人）坐落於山谷中，四周被山和湖泊環繞，距離東京市中心僅一個小時的車程，整個城鎮周圍展示許多藝術作品，被稱為是藝術家的天堂。藤野在 2010 年正式更名為綠，是全球「轉型城鎮運動」（Transition Town Movement）[5] 在日本的第一個轉型城鎮。這種「轉型」取向特別具有啟發性，它致力於建構社區的堅韌力（resilience）以面對高度依賴化石能源與全球氣候變遷之挑戰，並證實如何由下而上來完成轉型，而非由上而下的方式。[6] 這種公民運動提倡在地行動，並鼓勵社區利用自己的創造力與既有之在地資源進行轉型。藤野的轉型在地行動起始在 2008 年秋天，同年 6 月有幾位藤野居民在神奈川縣參加了「轉型城鎮運動」團體舉辦的永續文化／農業學校課程後，決定回到社區裡分享這個草根運動的理念，希望可以透過優化並利用暨有的在地資源、技能與當地人民的創造力來達到社區轉型並得以永續。

2009 年社區裡 15 位成員開始了當地貨幣運動的網絡──「万屋」，[7] 截至 2012 年止，有 150 個家庭參與這個網絡，在這個網絡中人

---

4 資料來源：Japan For Sustainability（2012）；Yoneda（2012）。

5 轉型城鎮運動是由一群草根組織所形成的國際網絡，以永續文化／農業（permaculture）的理論應用於社區發展與活化。永續文化／農業的概念，起源於澳大利亞，以實用取向設計生活方式並創造永續的人文環境。「永續文化」來自於「永久」（permanent）和「農業」（agriculture）二字的結合，後來擴大到象徵「文化」（culture）。

6 由上而下的方式是大多數日本當前生態城鎮運作的模式。

7 日文「万屋」在中文相對應的概念，有如傳統的「雜貨店」或現代的「便利商店」。其概念是社區裡不同人的各項資源，可以在此網絡中進行交換。

們可以交換物品或服務。這個網絡也藉由刺激當地的需求，例如：提供寵物護理、接送小孩、為菜園除草等，連結有需要的人與可以提供協助或服務的人。在2011年3月東日本大地震災後，此網絡為災區募款，收集並整理緊急救援物資，並定期舉辦慈善活動來支持東北災區。

　　參與在「藤野轉型」運動的居民自願加入他們自己有興趣的工作團隊，例如：加入森林工作隊者，負責進行人工林間伐的工作，以保護社區周圍的森林；而加入農民俱樂部者，其目的則是提高社區的糧食自給率。有趣的是「轉型城鎮」（Transition Town）的英文縮寫為 T. T.，在日文單字「楽しく」（Tanoshiku, have fun）和「繫がる」（Tsunagaru, networking）之意思為「有樂趣」和「網絡」，展現了參與這個社區運動所倡議的重點——享受在社區自給自足的工作，同時不過勞。這是一種獨立、安全又快樂的生活方式，同時也在參與「藤野轉型」運動的居民中得到溫暖連結的支持。

　　在2011年3月福島核災後，很多日本人開始關心自己用電的來源，並對長久被忽略的能源議題與核電開始有所反省。311之前，在家庭中高度方便地使用電，被視為理所當然。然而，地震後的幾天完全停電，使得原本正常供電下的生活全部被打亂，許多人遭受到極大的不方便。這也是很多日本人開始思考能源自給自足和能源多樣性之所以重要的原因之一，並開始對於社區型發電，例如：太陽能發電，開始產生興趣。於是311後，「藤野電力」這個工作小組在2011年成立。它的目的旨在幫助人們，擺脫對於傳統電力公司所提供電力的依賴，致力於藉由社區人民的參與，來創造地方型能源，並嘗試朝著能源自給自足的方向努力。該小組的第一個計畫，是在藤野當地的節慶

活動中提供照明和音響系統的用電，此外工作團隊也曾在東北地震災後，用再生能源產生的電力提供支持受影響的區域。

　　工作小組每個月舉行「太陽能發電系統工作坊」，[8] 以「從家中開始能源轉型」理念為號召，教導參與工作坊的初學者輕鬆地連接太陽能板（photovoltaic panel）和電池等。第一次工作坊在2011年12月開始，逐漸地工作坊也吸引了廣大的社會公眾，在六個月內這個活動就在電視新聞和雜誌上被報導。不僅當地居民參加，也有越來越多來自藤野以外的人們參加工作坊。「藤野轉型」各項活動以一個當地廢棄的小學做為基地，這些工作坊，就在這個小學教室中舉辦。來參加工作坊者，有各式各樣的人，例如：父母帶著子女、已婚夫婦、年輕夫婦和年輕單身女性等。小教室裡有十個小組以及一些觀察員，每個小組都有工作人員解釋組裝太陽光電系統的過程，並幫助組員們一起組裝該發電系統；觀察員則拍照記錄。裝配過程相當容易，即使是國小學童都能做到。但如果是組裝順序錯誤，它可能短路並導致危險。整個組裝需要兩、三個小時才能完成。標準的裝配套件使用50瓦特的太陽能板，許多工作坊參與者利用這個發電系統對手提電腦和手機進行充電。這個系統透過在白天充電後，可以對50瓦特的筆記型電腦提供四至六小時的電源。截至2012年7月底，這個太陽能發電系統工作坊中所組裝的發電組所產生的電力，共計超過1萬瓦。

　　「藤野電力」還從事安裝太陽能發電在該地區新建造的住宅房屋（Knight, 2015）。儘管整個藤野電力系統不完全能滿足所有社區需要

8　參加工作坊之費用是42,800日元（約臺幣11,500元）包括標準裝配套件，而此價格差不多就是所有組裝材料的成本價格，對月薪240,000日元左右的一般東京上班族而言，太陽能發電的成本只有單月工資的20%左右。參加工作坊，還可以學習如何組裝太陽能發電系統，這對許多日本人而言相當有吸引力（Yoneda, 2012）。

的電力，但可以減少社區對電力公司的依賴。換言之，提高能源獨立性意味著能提高安全性，也就是在緊要關頭有個救命的備案。在2012 年 5 月，一位熟識地方團體的大學教授，捐贈了一百七十塊舊太陽能板給社區。「藤野電力」試圖使用這些面板提供在廢棄小學的基地上所有的能源需求，並將多餘的電力連接上電動汽車充電。此外，這個公民電廠還計畫利用當地其它的資源來提高能源自給率，例如：小型水力發電與風電。

在我們高度依賴全球體系的生活方式中，不僅是能源也包括其他層面，例如：農業，我們必須使地方能自給自足，才能使我們在大規模的突發事件（地震或其他危機）度過難關，並得以有地方的堅韌力來克服這些挑戰。藤野轉型運動正透過強化社區裡的人際關係聯結，串連各項社區資源與人力資源，來提升社區的獨立自主性。

「轉型城鎮運動」有助於社區利用當地的資源、傳統和文化，發展出自主永續的社區，也因此，不同社區因其獨特性，所發展出的形式各不相同。在日本，這種社區轉型運動正在蓬勃發展中，其未來也十分令人期待。在面臨石油終究將匱乏與氣候變遷的挑戰，像藤野這樣的案例，讓我們看到一個社區如何回應上述挑戰的做法。在這過程中，我們也發現到創造地方性就業和利潤的社會企業運作的新模式。也許有人會問，小社區能否有經營自己能源設施之能力？在營運規模較小的基礎設施時，小社區又是否具有克服潛在高成本問題的專業知識？這些問題值得進一步探究。

在日本其他地方，有許多像藤野這樣的例子，正在一一發生中。例如：早在2001 年人口僅有7,000 人的岩手縣葛卷設立了葛卷綠色電力公司，規劃開發十二個風力發電機組，每個機組的開發容量為

1,750 千瓦。[9]另一個有名的社區型發電的案例——在2004年開始於長野縣飯田市的公民太陽能電廠，近年來由於日本的「政府電力收購制度」（Feed-in Tariff, FIT）[10]和長野縣各地更廣泛地使用了不同型式的再生能源發電方式，2014年11月日本長野縣宣佈，其縣內使用再生能源的發電量，在2013財政年度較2012財政年度增加了一倍，在2013年發電能量已經達到70%能源自給率（Japan For Sustainability, 2015）。

在藤野和日本各地，大家越來越意識到能源轉型的重要性。許多人不再問：「為什麼我們需要能源轉型？」而是問：「我們如何實現能源轉型？」這是2011年福島核災事故後相當顯著的後果之一。這也說明了社區將要為自己的能源需求，承擔更大的責任，而非依賴如東京電力公司這種大型的壟斷企業。社區型能源和公民電廠則是朝向能源決策民主化邁出的重要一步。

二、汗得學社的「一人一千瓦」公民電廠

「汗得學社」（HAND）[11]是臺灣與德國的國際組織，在2002年成

9　資料來源：Electric Power Development Co., Ltd., 2001, "Establishment of the Green Power Kuzumaki Company, a Wind Power Generator, in Kuzumaki Town, Iwate Prefecture, Japan." http://www.jpower.co.jp/english/news_release/news/news138.pdf (Date visited: January 5, 2016).

10　「政府電力收購制度」（Feed-in Tariff, FIT）相關概念，請參見：（Couture *et al.*, 2010）。

11　「汗得」在中文有「流汗必有所得」之意，而英文HAND則是四個英文單字的第一個字母所組成，這四個英文單字為：Humanity、Alternatives、Nature、Dialogue，其理念在於「透過對話與雙手，我們實踐人道的、另類可能的、與自然和解的生活方式。」資料來源：汗得學社，http://www.hand.org.tw/#!idea/rdy6i，取用日期：2015年12月28日。

立於德國，以發揚勞動價值，推廣建立人道的、對環境友善的人文社會為宗旨。汗得學社的辦公室座落在臺北市青年公園太陽圖書館暨節能展示館的二樓，這間建築被稱為「太陽房子」，採用自然建材，也是全亞洲目前唯一依照德國2006年節能法規所蓋出的房子，在窗戶、建材及搭建的方式等都符合冬暖夏涼標準，並可節能80%以上（鄒雯涵，2014）。

臺灣的太陽能產值居全球第二，但是國內太陽能佔總發電量比例不到1%。長期關注再生能源發展的汗得學社社長胡湘玲博士認為，太陽能面板價格不斷下降，臺灣有很好的日照，也有面板技術，臺灣沒有不發展太陽能的道理！（黃麗如，2015）於是胡湘玲與她的先生韋仁政（汗得學社董事長）在2014年發起「一人一千瓦」[12]公民電廠的社會企業。其理念起源於一句德國的諺語：「從來沒有好事情，除非有人做了好事情。」[13]面對臺灣能源轉型遲滯的挑戰，汗得學社強調：在大家都在「說」再生能源，我們一起來「做」公民電廠，於是「先做再說」推動了「一人一千瓦」的誕生。目的是希望翻轉普遍存在臺灣社會「事情就是這樣」的無力氛圍，以社會企業與合作互惠的方式，建置公民電廠，並以在地實踐來進行公民能源教育，進而實踐能源自主。「一人一千瓦」希望用人民力量改變燃煤發電與核電獨大之狀況。透過有錢的出錢（太陽股東）、[14]有屋頂的出屋頂（太陽房東）[15]的協力合作方式，在全臺各地的家戶屋頂架設太陽能板發電。

---

12 臺灣每個人每年使用的電約1,000瓦、1,200度，「一人一千瓦」則意謂：自己的用電自己發。

13 資料來源：2015年12月1日汗得學社董事長韋仁正先生在佛光大學社會系的演講：「一人一千瓦的公民能源民主運動」。

14 以一單位10萬元投入，購買太陽能板架設在臺灣各地合適的屋頂。

15 「太陽房東」是指願意將房子屋頂出租給汗得學社建置太陽能板的人。屋頂必須是至少15-20坪，且無違建或加建之空間。詳細資訊請參考：汗得學社，

圖11-1　汗得學社的辦公室座落在臺北市青年公園太陽圖書館暨節能展示館的二樓,這間建築被稱為「太陽房子」。

(攝影:高淑芬)

　　「一人一千瓦」是小型太陽光電的推廣者,有別於其他大型的太陽光電模式。因為大型的太陽光電多半設置在人口密度低的鄉間,看到這種發電型式的人並不多,也就不容易達到能源教育的功能。再者,小型太陽光電的模式,較易融入生活,當人們的家戶屋頂架上太陽能板後,他/她們會常去觀察有沒有發電?發了多少電?也會注意太陽能板的狀況,這些都使得參與在這個計畫中的人逐漸對能源議題有更多的認識。另外,在太陽房東附近的社區居民,看到鄰居家屋頂有太陽能板發電,也較有可能會開始關注太陽能發電,甚至引發興趣進一步瞭解,這些都使得社區型太陽能發電型式的能源資訊較容易散播,而引起更多公眾參與在臺灣能源轉型的實踐行動中。

2015,〈汗得學社「一人一千瓦社會企業」〉。汗得學社,http://www.tipps.com.tw/about/houseowner,取用日期:2015年12月28日。

　　「一人一千瓦」的社會企業，目的在倡議：大家各退一步「讓」
出臺灣生存空間。換言之，太陽股東不要求最大獲利，太陽房東信任
合作，努力在社區中推廣，發揮協力效益，而「一人一千瓦」則追
求最大的社會效益，而非企業效益，致力解決能源建設，並成為解
決社會問題的平台。這不只是能源民主運動，更是希望重建互信的
臺灣社會。截至 2015 年 11 月止，「一人一千瓦」共有 76 個股東，已
簽約房東 19 人（北部 5 人、中南部 6 人，東部 8 人），年底發電容量
174.4kW，累積的發電度數 96,000-97,000 度。[16]

　　汗得學社定期舉辦「Sunday Sunday」活動，說明「一人一千瓦」
如何操作以及公民能如何參與，也介紹德國能源轉型的經驗與做法。
另外，汗得也定期舉辦「小小建築師」學習營，讓小朋友學習建築、
能源與自然塗料等知識並動手實作，從下一世代進行能源教育。「能
源行動工作坊」則是針對有興趣與熱情進一步瞭解公民電廠者，或是
願意成為「公民電廠解說員」所設計的。

伍、從「心靈發電」到「能源發電」──代結論

　　臺灣日照天數比歐洲長，而北臺灣只比中南部少 10% 的陽光，
要不要使用再生能源完全是決心問題。若人們的能源知識／資訊匱
乏，可能不易改變行為。這也是我們在上述兩個案例，看到在社區辦
理和能源有關之學習營、工作坊、讀書會、資訊分享會等是多麼重
要！理解能源轉型是當務之急者，可以和周圍的人分享能源轉型的資
訊、組讀書會，一起和社區中的朋友從心靈先發電，增進能源知識，

---

16 資料來源：2015 年 12 月 1 日汗得學社董事長韋仁正先生在佛光大學社會系的
　　演講：「一人一千瓦的公民能源民主運動」。

並討論如何在自己社區裡採取行動，最重要的是付諸實踐！改變一些生活方式以節電，例如：早睡早起，在白天閱讀、工作或做家事；使用能源效率高的家電用品。也可以鼓勵家人、朋友們一起過低碳生活，多走樓梯，少用電梯、使用大眾運輸工具，盡量少開車或共乘。一個人力量也許有限，但一群人若願意委身共同努力，相互分享資源與技能，建立支持與協力網絡，社區型能源與公民電廠在臺灣的發展是有潛力的。讓我們一起參與平衡自己用電的公民能源自主運動！

參考文獻

汗得學社，2015，〈認識汗得　我們的理念〉。汗得學社網頁，http://www.hand.org.tw/#!idea/rdy6i，取用日期：2015 年 12 月 28 日。

汗得學社，2015，〈汗得學社「一人一千瓦社會企業」〉。汗得學社網頁，http://www.tipps.com.tw/about/houseowner，取用日期：2015 年 12 月 28 日。

韋仁正，2015，〈一人一千瓦的公民能源民主運動〉。2015 年 12 月 1 日於佛光大學社會系演講。

黃麗如，2015，〈一人一千瓦　自己的電自己發〉。《中時電子報》，http://www.chinatimes.com/newspapers/20150527000426-260102，取用日期：2016 年 1 月 2 日。

鄒雯涵，2014，〈協力造屋　建節能圖書館〉。《蘋果日報》，http://www.appledaily.com.tw/appledaily/article/property/20140831/36056416/，取用日期：2015 年 12 月 22 日。

劉蕙慈，2015，〈法通過能源轉換法案　核電比例 2025 年降至 50%〉。《新頭殼》，http://newtalk.tw/news/view/2015-07-23/62583，取用日期：2015 年 12 月 22 日。

Couture, T., K. Cory, C. Kreycik, & E. Williams, 2010, "A Policymaker's Guide to Feed-in Tariff Policy Design." National Renewable Energy Laboratory, U.S. Dept. of Energy. http://www.nrel.gov/docs/fy10osti/44849.pdf (Date visited: December 20, 2015).

Department of Energy and Climate Change (DECC), 2010, "Greg Barker sets out Big Society vision for small energy' press release, 25 November 2010." https://www.gov.uk/government/news/greg-barker-sets-out-big-society-vision-for-small-energy (Date visited: December 20, 2015).

Electric Power Development Co., Ltd., 2001, "Establishment of the Green Power Kuzumaki Company, a Wind Power Generator, in Kuzumaki Town, Iwate Prefecture, Japan." In *J-Power EPDC*, http://www.jpower.co.jp/english/news_release/news/news138.pdf (Date visited: January 5, 2016).

Gardiner, M., H. White, M. Munzinger, & W. Ray, 2011, *Low Carbon Building Programme 2006-2011: Final Report*. DECC, London.

Hielscher, S., G. Seyfang, & A. Smith, 2013, "Grassroots innovations for sustainable energy: exploring niche development processes among community energy initiatives." Pp. 133-158 in *Innovations in Sustainable Consumption: New Economics, Socio-technical Transitions, and Social Practices*, edited by M. Cohen, H. Brown, & P. Vergragt. Edward Elgar.

Hoffman, S. M. & A. High-Pippert, 2010, "From private lives to collective action: recruitment and participation incentives for a community energy program." *Energy Policy* 38, 7567-7574.

Japan For Sustainability, 2012, "Company Helping Revitalize a Local Community after Japan Earthquake through Energy Self-Sufficiency." In *Japan For Sustainability*, http://www.japanfs.org/en/news/archives/news_id031976.html (Date visited: January 4, 2016).

Japan For Sustainability, 2015, "Nagano Becomes 70% Energy Self-Sufficient, Targeting Future Happiness." In *Japan For Sustainability*, http://www.japanfs.org/en/news/archives/news_id035198.html (Date visited: January 2, 2016).

Knight, Sophie, 2015, "Harnessing the power of community to drive an energy revolution." In *The Japan Times*, http://www.japantimes.co.jp/news/2015/06/05/national/harnessing-power-community-drive-energy-revolution/#.VqeX-jGUcs4 (Date visited: January 2, 2016).

Office for a Democratic Transition to Renewable Energy, 2015, "What is Energy Democracy?" In *Office for a democratic transition to renewable energy*, http://energie-demokratie.de/what-is-energy-democracy/ (Date visited: January 7, 2016).

Rifkin, F., 2013, *The Third Industrial Revolution: How Lateral Power Is Transforming Energy, the Economy, and the World*. New York, St. Martin's Griffin.

Rogers, J. C., E. A. Simmons, I. Convery, & A. Weatherall, 2008, "Public perceptions of opportunities for community-based renewable energy projects." *Energy Policy* 36(11): 4217-4226.

Schweizer, Pia-Johanna, Ortwin Renn, Wolfgang Kock, Jana Bovet, Christina Benighaus, Oliver Scheel, & Regina Schroter, 2014, "Public participation for infrastructure planning in the context of the German 'Energiewende'." *Utilities Policy* (in press), http://dx.doi:10.1016/j.jup.2014.07.005 (Date visited: October 2, 2015).

Seyfang, G., J. J. Park, & A. Smith, 2013, "A thousand flowers blooming? An examination of community energy in the UK." *Energy Policy* 61, 977-989.

Seyfang, G. & A. Haxeltine, 2012, "Growing grassroots innovations: exploring the role of community-based initiatives in sustainable energy transitions." *Environment and Planning C: Government and Policy* 30 (3), 381-400.

Szulecki, K., A. Ancygier, & D. Szwed, 2015, *Energy democratization? Societal aspects of de-carbonization in the German and Polish energy sectors.* ESPRi Working Paper No 5.

Yoneda, Yuriko, 2012, "Transition Towns in Japan and a Try for Local Energy Independence by Fujino Denryoku." In *Japan For Sustainability Newsletter* No.121, http://www.japanfs.org/en/news/archives/news_id032303.html (Date visited: January 2, 2016).

📖 第 12 講
能源轉型過程中的能源合作社

房思宏

國立臺灣大學政治學系計畫博士後研究人員

壹、前言

面對極端氣候威脅，不確定性（uncertainty）成為新常態，當代風險樣態也急遽變化，越來越難以既有知識框架認識並管理、控制風險。儘管國際氣候談判的進度並不總是讓世人滿意，但面對減碳甚而去碳的龐大壓力，許多國家已經開展能源轉型（energy transition）的進程，由提高低碳能源比例及提升能源效率做起，與此同時創造新興就業機會，邁向以綠色經濟為基底的成長模式。

然而能源轉型除了涉及技術層次的變革外，也與制度及社會—經濟趨力（institutional and socio-economic drivers）息息相關（Lee *et al.*, 2014）。換言之，能源轉型自然可能在發展新興能源科技與管理技術過程中，帶動新一波的綠色成長。然而在當代跨界且極端不確定的風險威脅下，能源轉型更大的意義在翻轉既有與傳統能源結構緊密相

依的政治、經濟與社會體制，讓集中式能源結構走向分散化的同時，能源結構中的權力結構也隨之鬆綁，讓過往只能被動接受能源決策的大眾有機會獲得培力（empowerment），甚而邁向能源民主（energy democracy）的實踐（Farrel, 2014）。

而在臺灣，歷經三十年的核四抗爭，雖然核四兩座反應爐已經封存，非核家園成為朝野政黨的共識，然而諸如核廢料處理、核一、二、三廠延役，甚至未來用電需求成長規劃、尖峰負載管理、需量反應管理等政策仍缺乏廣泛討論，即使長期壟斷的台電已規劃走向廠網分離，電力市場自由化指日可待，然而不論是在技術面或政治社會面向，這些現象究竟能讓臺灣社會的能源結構產生何種變革，進而引導出新的社會關係與發展模式，仍有待觀察。一座電廠蓋與不蓋，能源配比的改變，都只是深刻能源轉型過程中的一小部分。

本書已經有許多作者由不同面向探討能源轉型，本章將聚焦於能源合作社（energy co-operatives）的概念與實踐，探討為什麼能源合作社能更積極地帶動能源轉型，並且透過引介一些國外的實踐案例，進一步與讀者共同思考此一模式在臺灣推動的可行性以及可能面對的挑戰。

貳、由創造社區效益到能源合作社

為了應對極端氣候威脅，讓經濟發展走向低碳化是無可避免的道路，減少對化石燃料的依賴，發展再生能源等低碳能源成為低碳發展的核心戰略。然而再生能源受天候限制之間歇性特質，對既有電網管理帶來衝擊，導致為經濟理性主導的既有能源結構中，必須進行法規調整及創造誘因，才可能有效引導再生能源發展。除此之外，再生

能源必須利用各地相異之自然資源，才能充分發揮因地制宜的特性。
由傳統集中式大規模電廠走向地方分散發電設施的同時，也意味著再
生能源之發展將直接遭遇在地民眾，因而也可能產生不同形式的爭
議：包括設立風機對生態、景觀及周遭社區生活的影響，抑或是太陽
光電板設置的區位爭議等。也正因如此，如何創造、提升社會接受度
（social acceptance），也成為發展再生能源過程中的重要課題。[1]

　　由於抗爭可能來自脈絡各異的在地，因此如何強化在地社區參
與，創造地方效益，就成為再生能源創造社會接受度的重要目標。以
英國來說，自2000年左右開始，前工黨政府就透過一系列補助計畫
投入社區再生能源發展，而從2000年至2004年短短數年間，向英國
政府申請補助的再生能源計畫中，有超過500個計畫在標題或計畫內
容中都提到社區二字，並且納入社區所有權的概念，而社區自足、自
主（autonomy）以及培力的精神也在諸多計畫中多所著墨（Walker,
2008）。包括社區組織、地方政府、私人企業以及個別行動者，都是
社區再生能源計畫中的重要參與者。Walker分析指出社區型再生能
源對這些多元行動者的誘因有：（一）創造地方就業機會，帶動地方
產業復興；（二）較易取得地方支持與計畫許可；（三）地方主導；
（四）降低成本，獲得可靠供電；（五）倫理及環境承諾；（六）強化
負載管理（load management）（2008: 4402）。

　　德國在1990年代《再生能源法》（EEG）的立法及後續修法過程
中建立起躉購電價（feed-in-tariff, FIT）及再生能源發電優先併聯入
網的基本原則，自此德國再生能源開始迅速發展，也奠下德國今日能
源轉型（Energiewende）政策的重要基礎。二十年保證躉購電價加上

1　例如歐盟創造社會接受度計畫（Engage stakeholders through a systematic
　　toolbox to manage new energy projects, ESTEEM），ESTEEM模式可見網站說
　　明 http://www.esteem-tool.eu/ 。

再生能源發電優先併聯入網的規定,除為社區、個人投入再生能源發展創造極大誘因外,也大大鼓勵德國能源合作社的發展。到2013年為止,德國有將近一半的再生能源投資,來自社區及一般家戶,而由一般民眾組成的能源合作社,則由2001年時的66家,成長為2013年時的888家。[2]德國能源轉型過程中一樣遇到許多艱難挑戰,包括:輸電網路基礎設施的升級、再生能源與生態平衡、耗能企業補貼、躉購費率調整等問題(房思宏,2015),然而德國民眾對能源轉型政策始終保持近七成的高支持度,在筆者看來,這實與德國推動能源轉型過程中民眾及社區的高度參與有關。

　　除了直接(賣電收入、就業機會)或間接(綠能觀光、地方轉型)的效益外,與社區結合的再生能源還存在其他社會及環境效益。美國 The Institute for Local Self-Reliance 在2014年底出版一研究報告倡議能源民主(Farrel, 2014),報告中指出既有能源結構已難以應對越趨彈性分散化的生產與需求,在既有結構及主要行動者傾向自我維續勝過轉型改革之時,該報告指出唯有強化社區在能源生產中的角色,才能讓既有能源結構走向彈性、有效、低碳、在地且公平(equitable)。換言之,若真有心關注於能源結構中的權力關係以及相映照的政治社會結構,則除了推動再生能源發展、提升能源效率等綠色經濟措施外,也應該同時觀照這過程中是如何重構能源結構中的權力關係,使得能源轉型與社會轉型能同時開展。社區型再生能源在不同能源轉型過程中之所以受到越來越多重視,除了帶給社區的經濟效益可強化再生能源社會接受度外,更重要的則是此一社區模式所創造的社會、環境及創新效益(Aitken, 2010; Maruyama *et al.*, 2007;

2　與德國能源轉型的相關資料來自德國能源轉型網站(http://energytransition. de/),該網站由 The Heinrich Böll Foundation 此一推動能源轉型的智庫所經營。德國能源合作社的成長速度在2014年德國修法減少躉購電價費率後已經開始趨緩。

Nolden, 2013; Cato & Arthur *et al.*, 2008; Walker *et al.*, 2010），將帶給能源及社會結構更深刻的轉型。

　　然而儘管社區的重要性在當代能源轉型過程中越來越顯著，社區能源／電廠的倡議也蓬勃發展，然而究竟如何定義社區，社區如何盤點資源投入能源事業，這過程對社區又帶來哪些正反面效應，其間社區認同、價值型塑又如何影響社區能源事業的路徑，這些都是在彙整相關案例後值得進一步研究的課題。除此之外，儘管分散在地化是未來能源結構轉型的趨勢，然而並不是所有再生能源都必然走向小型分散化，諸如離岸風力、地熱等具大規模發展潛力的再生能源，在地與社區又能扮演什麼樣的角色，也同樣值得關切（房思宏，2015）。本章不擬深入這些相關討論中，在此先從社區型再生能源中的要角──能源合作社出發。

　　Walker（2008）指出英國的社區型再生能源有著多元的發展，無法單從社區對再生能源事業的所有權（ownership）比例，或是發電是否供在地使用等來分類，他提出可依照社區型能源對共同「利益」（interest）或是「在地性」（locality）的關注，區分成：依照共同利益而組成的「合作社」，以及有地域限制的「社區在地組織」、「發展信託」（development trust）以及「社區慈善機構」（community charities）這四類。而即使是以地域限制做為考量的社區型能源中，也可根據收益的分配是否僅及於投資者抑或社區整體，做出進一步區隔。英國脈絡中信託基金或慈善機構之收益都在集體（collective）層次上分配。

　　前面提及定義社區有其困難，若要採取嚴格的地域定義，限制只有社區範圍內的民眾才可參與投資再生能源事業，則將有募資時間過長甚至失敗的風險。而遠離再生能源設施所在地的民眾，如果自身居住區域缺乏發展再生能源的天然資源，即使有心要投入再生能源事業發展，也將缺乏相關管道。當然外地民眾也可選擇投資一般的再生能

源公司，但這種純粹經濟成本效益的考量，並無助於社會思考再生能源的社會及環境效益，對於基於理念投入再生能源發展的消費者來說，也缺乏足夠誘因。能源合作社概念的提出與實踐，正好克服了這些有形無形障礙，在擴大社區想像與連結的同時，讓更多人有機會參與再生能源事業發展，實踐同時也進一步擴散再生能源以及合作社組織的社會及環境關懷，而這也正是深刻能源轉型所不可或缺的。

國際合作聯盟（International Co-operative Alliance）提出的全球合作社共通原則，包括：自願（voluntary）與公開的社員組成、社員的民主管理（democratic control）、社員共同經濟參與（economic participation）、自主（autonomy）與獨立、教育訓練與資訊分享、合作社間的合作（co-operation among co-operatives）、以及社區關懷（community concern）。[3]合作社此種基於自願、自主、自立原則組成，並根據民主及公平原則追求共同價值、共同利益的組織，正好能填補能源市場鬆綁過程中的空間，避免市場過度向商業利益傾斜，進而保留能源轉型過程中的公共價值。這不代表所有再生能源發展都需走向小型、分散、與社區結合的模式，但透過政策及金融誘因鼓勵具有合作社精神的社區型再生能源發展，將更能確保放大再生能源的外部效應，讓能源轉型帶動社會結構的轉型。下一節將介紹幾個不同能源合作社的實踐案例。

參、能源合作社的實踐

1930 年代時的美國，超過九成的都會地區已經都有電力供應，但廣大的鄉村地區，仍有九成左右的家戶沒有電力。羅斯福總統

3　相關資料可見 ICA 網站說明（http://ica.coop/）。

1930年代的新政改革中即試圖改善此一現象，規劃擴大鄉村地區的電力供應電力合作社公司法案（Electric Cooperative Corporation Act）以及後續的政策鼓勵，在1939年時全美已經設置超過400個鄉村能源合作社，為超過28萬戶家庭提供電力。這也為當代美國能源合作社的發展奠定基礎。根據美國University of Wisconsin合作社研究中心（Center for Cooperatives）的調查（2009），2009年時全美共有超過4,500家的合作社投入供水、電信以及電力等公用事業中，其中有920間合作社投入鄉村電力事業（rural electric），包括發電及輸配送電等業務。該中心取得920間鄉村電力合作社中889間的經營數據，這889間合作社的資產超過1,100萬美元，有超過1,600萬名社員，雇用超過6萬名員工。投入配送電業務的864間消費合作社，在全美75%的土地上擁有全美42%的電力傳輸網路，傳送全美約10%左右的電力，為約4,200萬名消費者提供服務。儘管這些電力合作社並不是美國電力市場上最主要的供應商，但他們仍是美國鄉村地區最主要的電力供應者。

值得注意的是，能源合作社並不必然選擇再生能源做為主要電力來源，美國許多能源合作社在1970年代時也考慮投入發展核電，但由於核事故以及後續的反核浪潮，並未大規模投入（Center for Cooperatives, 2009）。事實上多數美國生產電力的能源合作社採用以煤當燃料的火力發電。而經營輸配電業務的合作社在2013年時，賣出的電力中有13%來自再生能源（包含10%的水力發電）。根據美國國家鄉村電力合作社協會（National Rural Electric Cooperative Association, NRECA）的數據，[4]截至2013年為止，美國共有九間電力合作社持有九座核電廠的持股，而這九座核電廠的裝置容量為2,695MW。與此同時，美國電力合作社所控制的再生能源數量在

4　可參考NRECA的網站統計（http://www.nreca.coop/）。

2000 年代後期快速成長，2002 年左右擁有或購買約 600MW 的再生能源，2015 年中時，全美電力合作社已經擁有 1.2GW 的再生能源裝置容量，並持有 5.2GW 的再生能源長期購買契約。若將購買 10GW 的聯邦水力發電也納入計算，全美再生能源裝置容量超過 10% 為電力合作社所擁有或購買。

　　NRECA 雖然支持美國聯邦政府提出支持再生能源發展的誘因，也認為多數位於鄉村地區的電力合作社，能更有利地利用再生能源資源，但 NRECA 並不認同聯邦政府制定再生能源強制佔比的標準，主要是因為成本考量、各地再生能源資源不均，以及美國跨州電力傳輸之基礎設施仍不足等因素。筆者認為美國之能源合作社有其歷史脈絡，滿足鄉村地區的穩定能源供應仍是首要目標，因此其能源選項仍以傳統能源為主。然而隨著減碳壓力日增以及再生能源成本迅速下降（Schneider, 2015），未來美國鄉村電力合作社生產、傳送再生能源的數量預期仍將持續成長。

　　美國的案例中雖然尚未展現能源合作社與再生能源高度結合的情形，但這些合作社除了持續提供穩定而可負擔的電力外，也承擔起其他具有社會公共價值的任務，包括全美 353 個長期處於貧窮狀態的郡里，有 327 個郡的電力服務由這些合作社提供，涵蓋將近 4 百萬貧困人口。而這些電力合作社除了供應電力外，也肩負起尖峰負載管理、提升能源效率的責任。NRECA 於 2009 年的調查指出，有 96% 的電力合作社提出提升能源效率的計畫，有 70% 的電力合作社提供促進能效表現的金融誘因。與此同時，許多合作社也投入智慧電網（smart grid）及電表升級計畫中，強化需求管理。不論是服務經濟弱勢族群或是具體投入能效提升，都不是傳統能源公司感興趣的領域，由此也可看出能源合作社與一般以追求獲利為主的能源公司之差異。

　　德國的能源合作社發展則呈現不一樣的樣貌。德國有著長期規劃且政策明確的能源轉型路徑，除了規劃在 2022 年關閉所有核電廠外，也逐步減少對以煤炭為主之火力發電的依賴。除透過種種制度設計大力鼓勵再生能源發展外，也積極透過包括建築節能在內等措施，持續提升能源效率。而能源轉型目標與減碳目標結合，在減少對化石燃料依賴的同時，轉形成低碳成長的經濟發展模式。由於有著清楚的政策目標，佐以保證二十年的再生能源躉購電價，得以克服發展再生能源在技術以及金融上的不確定性，使得傳統大型能源公司以外的市民及社區皆有意願及能力投入再生能源發電事業，或甚至如柏林市民能源合作社（BürgerEnergie Berlin eG, BEB）一般，要從傳統大型電力公司 Vattenfall 手上買回柏林電網的特許經營權。

　　德國的電力市場自 1990 年代後就高度自由化，然而投入售電、輸配電的私有公司多以獲利為主要考量，導致大型能源公司獲利甚豐的同時，消費者必須承擔高電價的負擔。加上私人能源公司在決定能源配比時多僅從經濟成本考量，無法正視再生能源的社會及環境價值，因此柏林市民在 2013 年時就曾發起公投要求將柏林電網特許經營權收回由市政府經營，此一取得多數票同意的公投雖然因為投票率未過門檻而失敗，但從反核運動起家的柏林市民能源合作社決定再接再厲，在 2014 年 Vattenfall 特許經營權到期時參與競標（謝丹，2014）。2014 年底時 BEB 此一計畫已經獲得 2,300 位民眾投資，金額達到近 1,100 萬歐元，雖然離募資目標 2 億歐元還有一段距離，但 BEB 已經成功邁出第一步，成為最後三家競標業者之一。

　　此一市民能源合作社挑戰大型能源公司的故事尚未落幕，但其過程已經充滿啟發意味。只有 1 名全職員工的 BEB，若能擊敗有 140 名全職員工在柏林電網工作的 Vattenfall，將象徵著能源結構權力關係

的巨大轉變。而儘管柏林電網經營權未決，此種能源結構權力翻轉的現象卻已經在德國各處出現。隨著能源轉型政策而蓬勃出現的近千家能源合作社，以及提供自家屋頂、土地投入再生能源事業的個人與社區，早已成為德國再生能源事業中的要角。這一趨勢不僅讓一般民眾從被動的能源消費者（consumer)，轉化成為更積極主動的能源生產消費者（prosumer)，在知識及實踐上具體挑戰傳統能源公司的壟斷地位。合作社非營利的經營理念，也讓投入再生能源事業的收益得以回饋給社區與市民，一方面凝聚社區意識帶動社區再造，一方面也撼動傳統能源公司的利基。而蓬勃發展的再生能源，更是對既有的電網管理及基載（baseload）電力運作帶來實質挑戰。

　　而此種轉型在德國的出現，除了德國有上百年的合作社傳統外，1986 年車諾比核災後，像 Feldheim 這種僅有 100 多個居民的小鎮，開始有居民關切能源使用生產諸多面向的問題，進而提倡節約能源、集資發展再生能源，進一步買下當地電網，甚至建立屬於小鎮自己的電網及輸熱管線，進行在地能源管理。Feldheim 除了百分之百使用再生能源外，也持續將多餘的再生能源賣回給電網（Bowen, 2015）。除了政策誘因外，類似的成功故事鼓勵德國各地民眾的投入，中小型的能源公司及能源合作社因而迅速發展，進而創造類似雲德（Jühnde）生質能村等不同發展模式（林子倫、蕭伶伶，2010）。德國案例顯現的是，如果一個社會能充分針對發展模式、能源依存，以及其他社會價值充分討論，凝聚共識透過明確政策推動能源及社會轉型的話，能源合作社的發展將能更有效地整合進各種環境與社會價值，進而帶動整體社會的轉型。

　　同樣受到車諾比核災影響的還有日本的社區再生能源運動，當時在北海道的反核運動中，消費合作社社員特別關注食品安全以及生活環境等問題，1986 年的車諾比核災更是讓社員投入能源議題

研究，透過大量討論與學習，原本對能源一知半解的一般民眾，開始積極介入能源議題，推動綠色電力費率運動（green electricity bill movement），除直接鼓勵參與者節約能源外，也將收集到的資金用來成立北海道綠色基金（Hokkaido Green Fund），並進而與包括永續能源政策研究所（Institute of Sustainable Energy Policy, ISEP）等不同領域專家合作，克服政策及融資障礙，募資成立市民風力發電公司，直接興建屬於社區的風力發電機（Furuya, 2014）。此一模式迅速擴散至日本各地，結合社區電廠與合作社精神的再生能源發展，隨著日本於2012年實施躉購電價後快速成長。2014年5月，日本全國社區能源協會正式成立，北起北海道南至九州皆有在地社區加入。[5]

雖然並非所有社區能源皆採用合作社模式經營，但北海道綠色基金的成功案例，已經為日本其他地區的社區能源發展立下良好示範，許多社區電廠皆採用市民基金之方式對外集資，而集資對象並不限於在地社區居民，日本各地民眾皆可參與。也因此不同社區電廠之運作會因其社會網絡之不同，展現殊異特性。比方說神奈川縣小田原市的報德能源公司，因其自德川幕府時期傳承下的歷史凝聚力，參與投資者中有將近半數來自神奈川縣縣民。然而位於福島縣西半部的會津電力公司，其太陽市民基金的主要投資者多來自福島縣以外。[6] 而位於首都圈（東京都、神奈川縣、琦玉縣、千葉縣）的幾個消費合作社，雖然無法直接投入再生能源生產，但合作社將資金用於發展東北秋田縣的風電計畫，除了讓有豐富再生能源的地區順利取得資金外，也建立起首都圈合作社與再生能源設施所在地居民間的連結，秋田縣在地農產品也可成為首都圈合作社的共同購買標的。此種類似社區支持型農業（Community Supported Agriculture, CSA）的運作模式，除建立

5　相關資料可參考協會網站（http://communitypower.jp/）。
6　這部分的觀察來自筆者2015年7月赴日本進行的社區能源參訪。

起生產者與消費者的連結,更重要的是重建以信心及共同價值為基礎的社會網絡,而這也是合作社的核心精神。

肆、討論與展望

　　本章由介紹能源轉型過程中的社區培力開始,強調社區的積極角色對成功推動能源及社會轉型至為重要,然而由於社區型再生能源有著多種發展模式,若真要深化結構轉型,則超越地域限制、強調共同社會價值及民主治理的合作社,將能有效帶動社會討論,共同思考如何維繫並強化能源市場走向自由化後,各種公共價值不會被輕易犧牲。雖然美國因其特殊歷史脈絡以及制度設計,導致能源合作社的發展並未緊密與再生能源發展結合,然而許多重要的公共價值依舊透過鄉村電力合作社的運作而存續。德國及日本的案例則顯現,再生能源發展中的合作社模式,將有助於彰顯再生能源的環境及社會價值,使得再生能源更易為大眾所接受。如果能源轉型追求的不僅是技術層次的提升,而同時包含公平、環境友善、民主深化等價值的社會轉型,那合作社的制度與精神就是轉型過程中必須嚴肅考慮引進的。

　　臺灣由於法令限制的關係,還沒有能源合作社的出現,然而一些相關實踐已經有著合作社的精神,比方說汗得學社推動的一人一千瓦社會企業,[7] 也試圖建立起生產者與消費者間的連結。而臺灣原本已有許多運作良好的農業生產合作社,在農舍及農地種電爭議越形升溫之際,與農業合作社協力發展的再生能源計畫,將有助於在農業及能源發展兩者間取得平衡。而類似主婦聯盟消費合作社之類的組織,原本即相當重視社員間的教育宣導,對於食品安全、環境政策等議題也

7　可參考網站說明(http://www.tipps.com.tw/)。

長期關注，未來若有意投入能源合作社之經營，相信也能取得良好成效。臺灣的能源轉型將走向何方尚不可知，但社會若能長期投入各種公共價值的討論，並據此建立起可信任的社會網絡，在不同領域中都有機會審視並實踐合作社運作的核心價值，則能源轉型也將能開啟更多美好的想像。

參考文獻

房思宏，2015，〈能源如何民主？臺灣離岸風機發展案例初討〉。發表於第七屆臺灣科技與社會研究學會年會，臺北：中央研究院人社中心，2015年3月27日。

林子倫、蕭伶伶，2010，〈雲德（Juhnde）模式——德國「生質能源村」推動經驗〉，能源報導（2010/7）。http://energymonthly.tier.org.tw/outdatecontent.asp?ReportIssue=201007&Page=5，取用日期：2013年3月19日。

謝丹，2014，〈德國民間合作社推動能源轉型〉，中外對話（2014/08/14）。https://www.chinadialogue.net/article/show/single/ch/7218-Berliners-await-landmark-decision-on-sale-of-city-s-power-grid，取用日期：2014年9月16日。

Aitken, M., 2010, "Wind power and community benefits: challenges and opportunities." *Energy Policy* 38: 6066-6075.

Bowen, A., 2015, "Feidhelm: Germany's renewable village." In *Deutsche Welle* (2015/5/28), http://www.dw.com/en/feldheim-germanys-renewable-village/a-18466800 (Date visited: June 14, 2015).

Cato M. S., Arthur L., Keenoy T., & Smith R., 2008, "Entrepreneurial energy: associative entrepreneurship in the renewable energy sector in Wales." *International Journal of Entrepreneurial Behaviour and Research* 14(5): 313-329.

Center for Cooperative, University of Wisconsin, 2009, *Research on the economic impact of cooperatives*, http://reic.uwcc.wisc.edu/sites/all/REIC_FINAL.pdf (Date visited: Jan 11, 2016).

Cowell, R., Briwtow, G., & Munday, M., 2011, "Acceptance, acceptability and environmental justice: the role of community benefits in wind energy development." *Journal of Environmental Planning and Management* 54(4): 539-557.

Farrel, J., 2014, "Beyond Utility 2.0 to Energy Democracy." In *Institute for Local Self-Reliance, USA*, http://ilsr.org/report-energy-democracy/ (Date visited: Jan 18, 2015)

Furuya, S., 2014, "The Pioneer of Community Wind in Japan." In *Energy Democracy* (2014/11/28), http://www.energy-democracy.jp/264 (Date visited: Jul 1, 2015).

Lee, T., Lee, T., & Lee, Y., 2014, "An experiment for urban energy autonomy in Seoul: the One 'Less' Nuclear Power Plant policy." *Energy Policy* 74: 311-318.

Maruyama, Y., Nishikido, M., & Iida, T., 2007, "The rise of community wind power in Japan: enhanced acceptance through social innovation." *Energy Policy* 35: 2761-2769.

Musall, F. D. & Kuk, O., 2011, "Local acceptance of renewable energy- a case study from southeast Germany." *Energy Policy* 16: 6497-6506.

Nolden, C., 2013, "Governing community energy- feed-in tariffs and the development of community wind energy schemes in the United Kingdom and Germany." *Energy Policy* 63: 543-552.

Rae, C. & Bradley F., 2012, "Energy autonomy in sustainable communities-A review of key issues." *Renewable and Sustainable Energy Reviews* 16: 6497-6506.

Schneider, M., Froggatt, A., & S. Thomas, 2015, The World Nuclear Industry Status Report 2015, http://www.worldnuclearreport.org/-2015-.html .

Viardot, E., 2013, "The role of cooperatives in overcoming the barriers to adopt renewable energy." *Energy Policy* 63: 756-764.

Walker, G., Devine-Wright, P., Hunter, S., High, H., & Evans, B, 2010, "Trust and community: exploring the meanings, contexts, and dynamics of community renewable energy." *Energy Policy* 38: 2655-2663.

Walker, G., 2008, "What are the barriers and incentives for community-owned means of energy production and use?" *Energy Policy* 36: 4401-4405.

「智慧節電計畫」下的能源轉型與系統變遷博弈

賴偉傑

台灣綠色公民行動聯盟協會理事長

　　2015 年，行政院提出總預算 30 億的「自己的電自己省：智慧節電計畫」[1]，希望藉由經費的補助，鼓勵每個縣市政府規劃與執行地方節電政策，要求住商及機關部門在明年能達成相較今年同期節電 2%的目標。

　　在 2015 年初的「全國能源會議」中，「節電」是一個當然的共識，然而 2014 年 4 月的「核四封存」所形成的「可能缺電危機」，加上 2015 年底國民黨在九合一地方選舉的全面潰敗，都形成執政的中央政府，將面對更多地方政府的政策挑戰。也因此這個中央給錢，縣市政府努力的計畫，有了較為特殊的政治背景。

　　很多人質疑，臺灣的工業用電佔了近六成，如果要節能，應該先從工業下手才對，甚至不斷有傳聞「政府下重本做節能，可以算是回

1　自己的電自己省，http://energy-smartcity.energypark.org.tw/ 。

應環保團體的訴求，成效好是政績，成效不好就可以證明節流無法取代開源」之類政府穩贏不輸的陰謀論。也因此，這個智慧節電計畫，除了計畫的內涵和演進值得我們探究外，臺灣能源政策轉型過程中，中央政府、地方政府與民間團體之間的博奕，也提供了重要的經驗。

　　本文將從此次的「智慧節電計畫」的規劃設計與內容開始談起，再來整理各方對這個計畫提出的質疑與建議，也將分析民間團體面對政府的計畫，思考和發展出和中央政府以及地方政府的互動策略，最後提出執行至今的整體觀察。因為此計畫仍在執行中且時間甚短，所以將不會有實質節電成效的量化分析。

壹、縣市節電的挑戰：誰的節電計畫？什麼樣的智慧節電？

　　其實臺灣永遠不缺「節約用電」的計畫和口號。就近來幾年，公部門推動的，包括「節能減碳」，以及以政府機關為對象的四省計畫（省電、省油、省水、省紙），還有歷年在夏天用電高峰所推動的「縣市（夏季）節電推廣計畫」，不但行之有年，也發展出不少的推動模式、考評獎勵與檢核機制。即使是在核四封存政策確定之後的2014年6月，當年的夏日節電計畫也升格為「全民節電計畫」。

　　因此，在2015年，政府盛大推出的「自己的電自己省」之「智慧節電計畫」，而且特別指出「這次不一樣」[2]，或許應該關注的，就是到底跟以往有何不一樣？不一樣的方向和作法是什麼？更重要的是，整個政策的思維有不一樣嗎？轉成什麼樣？

2　〈自己的電自己省──讓全世界刮目相看〉。自己的電自己省，http://energy-smartcity.energypark.org.tw/story-info.php 。

從這個經行政院核定的整個計畫報告「標竿節電智慧城市」推動規劃（簡稱「智慧節電計畫」[3] 版本來看，主要的考量重點是：

一、改變政策思維，擴大地方與民眾參與。

二、規劃因地制宜作法，著重觀念與行為改變。

三、中央提供協助，提升參與誘因。

這次智慧節電計畫，是全國不含離島的各縣市，以機關、住宅、服務業等部門為主，工業部門排除在外。但後來花蓮縣政府直接宣佈不參加（放棄補貼）；另外，高中職以下的學校也不在這計畫的評比範圍內，據說是擔心學校為求好成績，降低照明的標準和使用時間，會引起家長的不滿和不必要爭議。目標則是在量化方面，希望民生、機關部門節電2%，另一方面能帶動相關智慧節電產業產值。質化方面，能提升民眾參與和監督，用電資訊更公開、促成臺灣能源管理智慧化。

而「這次不一樣」的最大不一樣，對地方政府而言，就是提供了鉅額的「節電計畫補助金」和「激勵獎金」。整個計畫的經費是來自行政院的統籌分配款，共30億。其中「節電計畫補助」上限20億元，激勵獎金10億。各縣市的計畫補助款，是以前一年機關與民生用電量每度電補助基數（0.0211元／度）為上限，不過能拿到多少計畫補助款，還是得乘上「節電目標達成率」；激勵獎金則是在計畫執行結束時，比前一年同期總用電量確實減少的話，依不同的節電率，給予每一度電0.3-0.8元的獎金。簡單的講，總用電量做不到比上一個年度少，補助金和激勵獎金都沒有，成果越好就領的越多。但也很現實的，就是以前用電量多的大縣市補助上限就是比小縣多很多。

3　經濟部，2015，〈自己的電自己省——「標竿節電智慧城市」推動規劃〉。http://energy-smartcity.energypark.org.tw/images/upload/project.pdf 。

譬如用電最多的臺北市，2014年約163億度，補助上限高達3億4千萬元，用電最少的臺東縣，補助上限僅僅1千5百萬。這樣的計畫設計，簡單好算，各縣市是自己跟自己競爭，但也一切只看「節電度數」來給錢。就像教育如果只看考試分數做為好壞唯一衡量標準，必定考試引導教學，令人堪慮。

貳、對「智慧節電計畫」中央政策的疑慮

　　整個「智慧節電計畫」的設計，其實是很封閉的，在草擬的過程中，並沒有公開的諮詢程序，所以對外公佈時，已是「定案」。也因此除了民間團體意見不得其門而入，做為執行主體的各縣市政府，也在經濟部後續的說明會中，才得到完整訊息，即使很多地方政府提出了許多窒礙難行的質疑，但因計畫辦法已經過行政院核定，所以還是依時推動。

　　智慧節電計畫一開始，縣市應提交計畫書，內容需包括量化的節電目標，以及按部門別規劃相關節電措施。交由審查小組來審查和提供建議後，經縣市政府回覆修正，再審查通過後，就有第一階段啟動經費的核撥。這個審查小組的成員組成，依照辦法，NGO代表佔三分之一以上。而因為整個計畫的設計早已定案，所以幾位受邀擔任委員的NGO代表，其實對整個遊戲規則有諸多疑慮，不過因為有機會可以直接面對各縣市的代表，並提出實質建議，因此還是參與。整個審查委員會，在審查過程提出很多疑問與建議，這些意見，其實不只是針對「地方政府」，其實很多更直接是針對行政院（經濟部、能源局）。這些疑問和建議大致分為五類，第一大類是針對計畫本身設計的缺失；第二類是中央政府應該扮演更積極的角色；第三類是針對整

個「考核指標」的單一性；第四類是對地方政府應有新的視野的建議；第五類是對如何更多元納入民間參與機制。

有些重要的共同意見，也集體給各地方政府參與，包括：應分辨是一次性（暫時性）vs. 永續性節電措施、除了節電總量外，還需思考需求量必要性以及尖峰負載調度、掌握各種用電資訊的重要（沒有數據就沒有管理）、盤點與提出整體「地方能源政策」、ESCO 產業（節能服務業）的問題與瓶頸、如何組織自己的「能源智庫」（學界、實務界、專業團隊）、整合在地大專院校資源參與社區、整合民間網絡（社區大學、公寓大廈管理委員會、水電業者）等等。

除了計畫審查委員之外，民間團體也有聲音。「由全臺各縣市關切能源轉型的民間團體，聯合組成的『能源轉型推動聯盟』，期望集結更多民間力量，推動進步的能源教育，並協助中央與地方政府落實全國與各縣市能源轉型的計畫。」在2015 年 7 召開的記者會，正式對「智慧節電計畫」提出的呼籲，一方面肯定大方向，但一方面也提出具體的問題。他們認為，「引導地方政府在節電部分扮演更多且更重要的角色，是一個好的方向；但中央政府不應只是個計畫遊戲規則的制定者而已」，所以聯盟覺得中央政府必須去承擔和面對更實質的面向：

一、官方設計的評價標準過於單一與僵化，忽視抑制尖峰用電對整體能源政策的貢獻。計畫只以節省的電量為經費核撥的唯一標準，缺少像需量、尖峰負載調度、公共參與等激勵和評比。一般講到「缺電危機」，其實擔心的只是「尖峰用電」時的風險，所以應重點鼓勵地方政府提出「尖峰需求量管理方案」，而且中央政府應檢討關於「尖峰需量管理」的種種制度性改革。

　　二、中央政府部門應主動「全面盤點」關於節能制度面的法規問題，並檢討中央政府法規制度對於能源轉型的影響，為長期推動能源轉型確立制度與資源基礎。

　　三、此次「計畫補助費」以及「節能獎勵費」的金額形成巨大誘因，但提案時間過於倉促，導致地方政府大多延續以往的計畫思維，例如四省計畫、節能減碳計畫或是夏日節電計畫，但其實這些計畫很多已接近飽和或瓶頸，必須要有所超越，但幾乎沒有時間與機制，開展和納入更多社會各領域的討論。

　　四、中央政府應對台電的資訊提供有更高、更全面、更宏觀的要求。台電對於各縣市用電資訊的資料提供還是十分被動，讓地方政府無法完整盤點出各種節能的潛力。台灣電力的各種資訊，甚至是opendata，本來就是台電邁向「電力管理服務業」的一個最佳轉型契機，而且這些基本資訊，也是協助臺灣 ESCO 能源服務業正向發展的基礎數據。這種三贏機會，中央應展現強大決心推動才是。[4]

　　因為民間團體基本上覺得中央政府願意把「節能」的重要性提升，是開始重視「需求面」的政策重要性，但必須有更全面、更完整的配套。而且有不斷檢討、調整、精進的投入。

參、韓國首爾「減少一座核電廠」的啟發與提醒

　　這次的「智慧節電計畫」，其中「自己的電自己省」的口號，是源自「全國能源會議」時行政院長致詞的訴求，但很明顯更是仿自

4　能源轉型推動聯盟，2015，〈中央、地方30億搞節能　民間聯盟來評比〉。綠色公民行動聯盟，http://www.gcaa.org.tw/post.php?aid=445。

2014 年太陽花學運時「自己的國家自己救」的論調。而另外計畫是以「縣市」為承擔主體，不可諱言，也跟2014 年下半年，韓國首爾以城市為尺度提出能源轉型的「減少一座核電廠」（OLNPP）的經驗被介紹到臺灣，有某種程度的關聯性。

如果我們觀察近年不斷在國際上受到讚譽的首爾 OLNPP 經驗時，可以很清楚地瞭解，一個城市節能計畫成功的關鍵，在於民眾參與機制的設計，能否捲動民間的能量，變成一場社會動員。雖然不同國家、社會和地區的能源政策因地制宜，但我們簡單來檢視一下首爾經驗的一些關鍵資訊，提供做為借鏡、參考和提醒。

韓國現任首爾市長是參與社會運動出身，之前曾創立或參與甚深的包括「和平與人權運動」、「社會創新」以及「公共政策爭議的替代探討」等三個面向。而當他選上市長後推動的能源轉型，便是以揭露、面對、解決、參與的態度來推動，而且把電力，從「缺電」面向，梳理更清楚為極端氣候、核災威脅、遠距集中式電廠輸送的風險，以及一個比較少被提出的面向：讓市民瞭解在發電與輸電過程中很多弱勢者的犧牲或痛苦。

因此提出以節能、提高能源效率、建構更多分散式再生能源的 OLNPP 計畫，達到提高首爾的「能源自主性」與開展「能源分享」的理念，以清楚的目標、充分討論後的執行計畫、各利益相關方的參與，展開一場能源典範的轉變。計畫的第二階段，更逐步往能源福利、能源經濟落實邁進，也以「市民就是能源」做為一個最重要的訴求和精神內涵。

首爾「減少一座核電廠」計畫的成功且受到國際關注，有幾個重要的關鍵：

一、主政者的領導力與決心。

二、有清楚的願景、指標與策略思考。

三、計畫推動「治理架構」的創新與調整。

四、政策方案的完整與協調性。

五、社會參與的設計。

六、社會教育與貫穿的價值。

七、科技技術支援。

很多執行內容，在臺灣各政府也都有類似的計畫和作法，然而差別就在，這些是主角還是配角？首爾市政府的整體思維和操作方式，等於示範了一次，整個政府的機器與資源的重新翻轉配置，是可以成為邁向全新的能源轉型的路徑圖。

所以除了 2013 年韓國 NGO 來臺分享，2014 年先有參與此計畫的韓國學者尹順真教授來臺學術交流介紹，之後臺灣民間團體（綠盟、媽盟、地球公民基金會）邀請尹教授來臺分享並拜訪臺灣幾個縣市政府。2014 年底，臺灣 NGO 更直接到韓國去實際考察學習，跟首爾市政府官員、韓國民間團體、社區、區級政府請教很多關鍵細節。而 2015 年 的 ICLEI（Local Governments for Sustainability 或 International Council for Local Environmental Initiatives，倡導地區可持續發展國際理事會）年會在首爾召開，臺灣的很多縣市政府是城市會員，前往參加年會之外，也與首爾市政府交流。臺灣民間團體之後更邀請 OLNPP 核心規劃者李侑珍女士來到臺灣，舉辦「民間地方節能培力工作坊」，和臺灣來自各地的團體，詳細的探索 OLNPP 計畫中，政府的民間團體之間的博奕方式，組織架構，實際的競合關係，讓首爾經驗操作的「眉角」，能夠跟臺灣的政治社會搭接。

　　而這些民間團體，就是後來聯合組成「能源轉型推動聯盟」，期許能集結更多民間力量，推動進步的能源教育，並協助中央與地方政府落實全國與各縣市能源轉型的計畫，更是積極投入到這次的「智慧節電計畫」民間參與。

肆、民間參與監督：推動地方「節能／能源轉型」（Energy Saving / Shift）的關鍵指標

　　能源轉型推動聯盟提出了「節能就是發電，民間參與才是關鍵」的訴求，認為智慧節電計畫的視野，不應只放在節多少度電這個指標，因此參考雪梨、首爾等多個成功推動能源改革的城市案例，匯整出一些地方「節能／能源轉型」（Energy Saving / Shift）的關鍵指標，並做為聯盟進行縣市節能計畫評比的審視項目。這些指標包括：

一、成立納入民間社會力的能源委員會

　　在既有的地方行政架構中，成立納入民間團體、外部專家、企業與住民代表的「能源委員會」，成為地方能源政策推動的協調與決策機制，共同商擬計畫推動的方向、目標、範疇、作法、民間資源與創新可能性，並訂定出清楚的願景指標。同時，能源委員會也可成為一個檢討與監督的機制，擴大社會監督與支持，以增加市民對於計畫工作的信任，提高參與意願。

二、推動地方能源自治條例

　　每個縣市政府應與議會共同制定出地方能源自治條例，條例內容

應含括地方政府在能源政策之責任、組成能源委員會、規劃能源計畫、預算分配、構成實際執行之組織、定期發行能源白皮書等，成為推動地方能源政策的法源架構，細部具體事項亦應包含其中。

三、捲動民間資源之政策機制設計

地方政府應在政策計畫中，細緻設計不同社會網絡與市民參與的具體誘因與機制角色，逐步讓更多市民成為計畫推動的協力者和參與者。同時，也需找到適當的人選成為官民合作的溝通界面，擴大尋求民間各領域的互利合作，讓能源轉型計畫成為一場社會動員。

四、掌握地方能源使用狀況

地方政府必須確實進行能源使用狀況的盤查，透過分析區域、產業、需求結構等用電歷史資料，結合未來情境預測的相關資訊，確切掌握縣市與區域的能源使用特性與問題點，才有辦法推出精準的能源改革計畫，改善地方能源使用的習慣與體質。

五、行政資源投入多寡

過去地方政府相當缺乏能源政策推動的經驗，而能源政策涉及經濟、環保、交通、地政、教育等跨局處之業務，地方政府應規劃充足的行政資源與足以調度相關局處的行政層級才有可能成功推動。

除了上述五個關鍵指標外，也規劃「抑制尖峰用電成效」與「促進其他公益性」兩個加分項目，希望各縣市提出的計畫能夠更有效地

降低尖峰用電需求，以及兼顧弱勢與分配等其他公益效果。[5] 希望透過這些指標評比，促使各地縣市政府正向競爭，推出更理想的節能政策。

　　能源轉型推動聯盟，也參考學習中國民間環保團體推動「城市污染源環境公開（PITI）指數評價」與韓國首爾 OLNPP 政府與民間互動機制的兩種經驗，透過指標與評分的過程，讓各地方政府瞭解，這不是打分數找麻煩，而是做為一種互相學習認識的機會，慢慢建立基本的信任。他們的作法，是從 2015 年 9 月，以親訪各縣市的方式，說明評分指標與其目的，並瞭解各縣市的狀況和碰到的問題，帶回訪談資訊後，聯盟成員加以評分，但並未發佈，而是把評分返回各縣市政府，詢問是否做調整或改進，之後再做最後的彙整，以記者會方式發佈，但重點不是排序，而是包括找出真正的問題核心（參考附錄）。

　　這個反覆的過程，是一個重要的互相學習，也逐漸釐清原本的資訊落差，更重要的是在互相傾聽和說明中，共同認知在地方差異與政治現實的基礎上，尋求未來更多合作的可能。除此之外，因為這次智慧節電計畫，對地方政府的撥款方式是三階段，一開始計畫提出是 30%，再來是年底 30%，結束 40%，除第一階段是全額撥補，第二、三階段，都得看當時的實際節電成果按比例核撥。所以在 2015 年年底經濟部第二階段經費審核的前夕，聯盟就先彙整的各地政府普遍面臨的共同問題，並以在經濟部開記者會的方式，要求中央政府必須重視，扮演一種「微妙」的壓力團體。

5　源轉型推動聯盟，2015，〈中央、地方 30 億搞節能　民間聯盟來評比〉。綠色公民行動聯盟，http://www.gcaa.org.tw/post.php?aid=445。

因為某種程度來講，這個記者會與訴求，是在替「想把事情做好的地方政府以及公務人員」發聲。指出的幾個問題包括：

一、2% 的僵化節電率做為計畫經費的指標

行政院要求各地方政府在數個月內達到2% 的絕對節電率，做為請領階段補助經費的標準，如此僵化的指標並不合理，也並未考慮氣溫、縣市人口淨移動、以及全臺的人口成長等因素，導致許多地方因自覺達不到目標，而放棄下半階段補助的請領與計畫的完整執行。

二、給地方準備與執行期太短，行政作業難以配合

地方政府本不擅長能源與節能規劃，也鮮少能源專業人才，如今行政院卻要地方政府在一個多月內提出節能計畫，並要求在不到一年內就要執行出節電2% 的成果。如此逼得地方政府在搞不清楚自己能源使用狀況下，囫圇吞棗執行無法對症下藥的計畫，只能推出治標不治本的宣導或競賽計畫，毫無效率的運用資源。甚至，有些縣市一直到11 月議會才同意動支補助預算，進行招標，使得第一線推動節能的行政團隊為此短視的補助節奏大亂，困擾叢生。

三、台電並未提供足夠電力資訊，甚至還要花錢去買

台電過去並不注重電力統計與調查分析，因此，許多地方政府所需的地區電力消費資料，並未能及時提供，無法讓地方在計畫研擬之初，即充分瞭解地方電力使用狀況，分析出用電特性與節電潛力，導致地方只能瞎子摸象地執行計畫。甚至，最後地方政府還必須花錢向台電購買，才能取得所需的資料。

除了檢討智慧節電計畫規劃與執行遇到的嚴重問題外，聯盟更把層次拉高到必須是在整體「能源轉型」的思維下，中央政府與地方政府如何建立長期節能合作機制。因此也對政策方向提出四大建議與要求：

（一）地方政府是能源轉型不可或缺的關鍵角色，中央政府應提供長期常態的預算資源，補助地方推動節能與能源轉型相關工作，讓地方有能力進行長期而穩健的規劃與執行。

（二）地方政府過去缺乏能源相關專業人才，經濟部應該給予地方執行人員完整的能源培訓和協力。

（三）目前能源政策的決策權力過度集中經濟部，行政院應針對《能源管理法》等能源相關法令提出修正，讓地方政府在能源政策中，也能擁有合適的權限與責任，推動區域的能源計畫。

（四）環保署在最新的「國家自定預期貢獻」報告中，所評估出的可行節能潛力，比過去積極不少（承諾用電年均成長可抑低到1.1%），應至少以此目標，與地方政府協調與訂定出各地長期的節能目標。[6]

在 2016 年 1 月，經濟部能源局依照行政院核定的「智慧節電計畫」中獎勵機制，舉辦「縣市創意節電競賽」評審，分為「縣市創意」與「亮點創意」獎項。其實之前研商智慧節電計畫之創意競賽辦法時，諸多審查委員對於為何不斷強調「創意」有很多意見，因為管理、檢討、盤點、因地制宜可能更為關鍵，但礙於此計畫早已由中央核定，所以「創意」兩字無法變更。權宜之後能源局便把「亮點」加

6　能源轉型推動聯盟，2015，〈短視政策不利節電　長期機制才是關鍵！〉記者會新聞稿。http://www.facebook.com/gcaa.org.tw/posts/911538058915626:0。

以分類，共有機關節電、產業永續、民眾參與、智慧管理、在地特色、網路社群六類，都算創意。[7]

而隨後，同樣在 2016 年 1 月底，民間能源轉型推動聯盟，在歷經半年的調查下，公佈了「2015 全台縣市節能治理政策評比摘要報告」[8]，聯盟強調：「我們未來也將持續進行節能治理政策評比，長期協助、監督地方政府進行能源轉型的工作。而評比只是第一步，接下來，都需要更多人持續關心、參與，讓各地能源政策公共參與的空間可以被打開。」[9]

值得注意的是，民間主辦單位把沒參加中央「智慧節電計畫」的花蓮縣政府也納入評比，強調還要與地方政府持續溝通互助，而且評比要持續做下去。這是公共政策上，地方政府罕見的同時面對來自中央和民間的兩套「互助／博奕」力量。

民間團體其實長期以來，是主張應該注重需求面管理，也因此嘗試用公私協力方式，並以設定評分指標掌握話語權與主張，與地方政府建立夥伴關係與監督角色，也做為要求中央政策修正的立論基礎。這對於民間參與公共政策的模式，開展了有相當意義的未來性。而這整個互動過程，也對「能源治理」這個面向摸索出了一些比較突破的想法和作法。

7　能源局，2016，〈縣市創意獎成績揭曉　將由經濟部於 1 月 12 日舉辦表揚大會並邀請院長頒獎〉。中華民國經濟部，https://www.moea.gov.tw/MNS/populace/news/News.aspx?kind=1&menu_id=40&news_id=50141。

8　能源轉型推動聯盟，2016，〈2015 全台縣市節能治理政策評比摘要報告〉。http://bit.ly/1PAhyck。

9　能源轉型推動聯盟，2016，〈能源轉型的虛與實——全台縣市拚節能，民間評比結果大公開！〉。https://www.facebook.com/gcaa.org.tw/photos/a.93879940618 9491.1073741909.103640919705348/938799429522822/。

伍、不只是節電：必須思考和面對的是能源轉型與系統性的變遷

這次的智慧節電計畫，仍在持續進行中，至今各地方政府的「節電成果」（與前一年的比較）不一，而且不一定能反映出真正的用心與投入。例如以前已經很努力做的縣市，其實今年要再進步的空間反而困難；也有些縣市，剛好今年執行大規模的 LED 路燈汰換，其他並無新作為，但成績卻「十分亮眼」。

但也有特別令人感到振奮的一些新的模式正在形成。例如新北市整體的作法，完全以「準能源轉型」的規格，整個市府機器與局處都動起來，並發展出全面納入多元參與機制的嘗試與落實。新北市曾經廣泛深入考察、研究首爾 OLNPP 的經驗，現在更以超越首爾經驗為目標，在推動過程中逐漸有城市光榮感的態勢與良性氛圍，很多作法已足以成為未來臺灣能源轉型的可操作性的重要先行參考。另外，宜蘭縣的特別之處，是因為「智慧節電計畫」對小縣的補助少，而且未納入「新能源」發展範疇，所以到了後期，宜蘭縣政府已經跳脫這個計畫框架，而發展出「宜蘭縣節／潔能整體計畫」論述，成為地方政府從整個區域能源政策的格局來思考和規劃，令人期待。

這次政府推動的「智慧節電計畫」，如果我們更仔細的問：到底問題意識是什麼？面對什麼樣的處境？指標是什麼？目標是什麼？願景是什麼？路徑圖是怎樣？主政者有領導力與決心嗎？各種社會參與是如何？如何設計？還有，整個更清楚的社會價值為何？

或許，主政者會說是為因應「氣候變遷」和「缺電風險」問題。一個國際重要的非政府組織 SCNCC（System Change Not Climate Change, SCNCC）主張，如果不重新反省經濟發展和能源使用方式，那所有「氣候變遷」（Climate Change）對策，都只是表象的，所以

真正更需要的，是由下而上、草根思考的「系統性的變遷」（System Change）。另外，我們也應翻轉思維，理解現在可能最便宜和最友善的「發電方式」，其實就是「節電」。

也因此，面對「智慧節電計畫」，這次民間團體喊出「節能就是發電，民間參與才是關鍵」，除了監督地方政府以外，其實有了另一個層次和高度的提醒：這不只是一個節約用電的比賽計畫而已，而可能是檢視與引領臺灣「能源轉型」的重要契機與「系統性變遷」的啟動。這系統甚至可以包括組織架構、產業、發展、國土規劃、環境和防災。

而整個社會對能源轉型以及發展轉型的努力，除了中央政府外，地方政府越發重要，剛結束的全球氣候變遷巴黎會議中，更是突顯了地方政府的關鍵角色。但更重要的是，也需要各種利害相關方參與進來。這次的「智慧節電計畫」，不管是民間團體、各產業界、節能服務業還有對鄰里社區的觸動，都有相當可觀之處；但宏觀而言，當前政府對於能源轉型和能源治理的整體架構，其實還是缺乏開放性與想像，所以依附在政府設定遊戲規則下狹義的民間參與（或應該說是民間配合），是不夠的，需要更多一些「不只是政府治理」的民間參與與概念與嘗試。這是多層次的博奕，值得更長期的觀察，也將是共同擬定臺灣轉型路線圖的重要過程。

附錄：能源轉型推動聯盟縣市節能評比計畫

壹、目的與範疇

全臺各縣市關切能源轉型的民間團體，聯合組成的「能源轉型推動聯盟」（以下簡稱「聯盟」），期望集結更多民間力量，推動進步的能源教育，並協助中央與地方政府落實全國與各縣市能源轉型的計畫。

聯盟在分析各國節能政策與案例後，認為一個城市節能計畫成功的關鍵，在於民眾參與機制的設計，是否能捲動公民社會的能量共同參與，變成一場社會動員。

因此聯盟希望透過本次評比，**提供地方政府建議與資源，並協助各縣市制定完整妥善的節能政策，為日後政策推動建立更穩固的基礎。**

聯盟認為單看各縣市的節電量，容易受到不可抗拒因素影響，對各地政府的努力不盡公允。因此將「節能政策的治理能力」設定為評比主軸，以地方政府規劃的節電政策方案、推動機制，以及民間參與的設計做為評比範疇。

聯盟成員：綠色公民行動聯盟、地球公民基金會（高雄、臺北、花東辦公室）、新北市永和社區大學、新北市蘆荻社區大學、臺灣環境保護聯盟、媽媽監督核電聯盟、再生能源推動聯盟、桃園在地聯盟、荒野保護協會新竹分會鄉土關懷小組、苗栗縣自然生態學會、主婦聯盟環境保護基金會（總會、臺中分會）、翻轉嘉義工作隊、臺南市社區大學、臺東廢核反核廢聯盟、宜蘭月見學習農園、環境保護聯盟屏東分會

貳、縣市節能政策評比操作流程說明

本次評比將以雙方互動的訪談方式，瞭解各縣市節能相關政策目前執行狀況以及未來規劃，在進行評比方式說明、以及第一階段的初步評比後，將有第二階段的評比，最終將發佈第二階段的評比結果，並針對全臺各縣市綜合性的評價及建議。

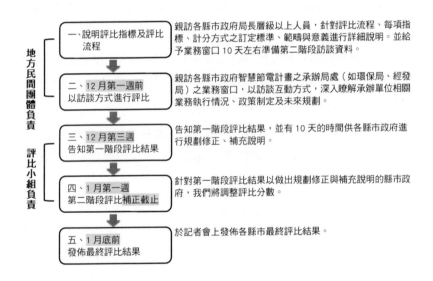

地方民間團體負責

一、說明評比指標及評比流程　　親訪各縣市政府局長層級以上人員，針對評比流程、每項指標、計分方式之訂定標準、範疇與意義進行詳細說明。並給予業務窗口10天左右準備第二階段訪談資料。

二、12月第一週前以訪談方式進行評比　　親訪各縣市政府智慧節電計畫之承辦局處（如環保局、經發局）之業務窗口，以訪談互動方式，深入瞭解承辦單位相關業務執行情況、政策制定及未來規劃。

評比小組負責

三、12月第三週告知第一階段評比結果　　告知第一階段評比結果，並有10天的時間供各縣市政府進行規劃修正、補充說明。

四、1月第一週第二階段評比補正截止　　針對第一階段評比結果以做出規劃修正與補充說明的縣市政府，我們將調整評比分數。

五、1月底前發佈最終評比結果　　於記者會上發佈各縣市最終評比結果。

參、縣市節能政策評比分數說明

一、評分項目圓餅圖

共五項，總分100分，第六項「抑制尖峰用電成效、其他公益性用途」為加分題10分。

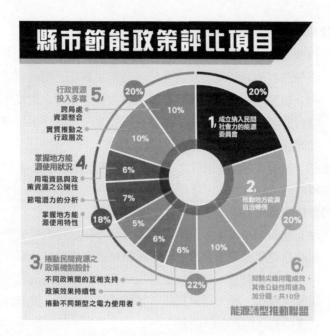

二、評分項目說明

一、成立納入民間社會力的能源委員會　總分20分

說明：在既有的地方行政架構中，成立納入民間團體、外部專家、
　　　企業與住民代表的「能源委員會」，成為地方能源政策推動
　　　的協調與決策機制平台，共同商擬計畫推動的方向、目標、
　　　範疇、作法、民間資源與創新可能性，並訂定出清楚的願景
　　　指標。同時，能源委員會也可成為一個檢討與監督的機制，
　　　擴大社會監督與支持，以增加市民對於計畫工作的信任，提
　　　高參與意願。

明確意願：須填承諾書、出公文或會議記錄，以做為佐證。若無民
　　　　　間參與之設計則以9分計。

推動作業中：須提供相關公文、會議記錄等。

二、推動地方能源自治條例　總分 20 分

說明：每個地方縣市政府應與議會共同制定出地方能源自治條例，
條例內容應含括地方政府在能源政策之責任、組成能源委員
會、規劃能源計畫、預算分配、構成實際執行之組織、定期
發行能源白皮書等，成為推動地方能源政策的法源架構，細
部具體事項亦應包含其中。

明確意願：須填承諾書、出公文或會議記錄，以做為佐證。

進入研擬階段：提供草案、時程等。

三、捲動民間資源之政策機制設計　總分 22 分

說明：地方政府應在政策計畫中，細緻設計不同社會網絡與市民參
與的具體誘因與機制角色，逐步讓更多市民成為計畫推動的
協力者和參與者。同時，也需找到適當的人選成為官民合作
的溝通界面，擴大尋求民間各領域的互利合作，讓能源轉型
計畫成為一場社會動員。

捲動不同類型之電力使用者、政策效果延續性、不同政策間的互相
支持。

四、掌握地方能源使用狀況　總分 18 分

說明：地方政府必須確實進行能源使用狀況的盤查，透過分析區
域、產業、需求結構等用電歷史資料，結合未來情境預測的
相關資訊，確切掌握縣市與區域的能源使用特性與問題點，
才有辦法推出精準的能源改革計畫，改善地方能源使用的習
慣與體質。

掌握地方能源使用特性、節電潛力的分析、用電資訊與政策資源之
公開性。

五、行政資源投入多寡　總分 **20** 分

說明：過去地方政府相當缺乏能源政策推動的經驗，而能源政策涉
　　　及經濟、環保、交通、地政、教育等跨局處之業務，地方政
　　　府應規劃充足的行政資源與足以調度相關局處的行政層級才
　　　有可能成功推動。

實質推動之行政層級、跨局處資源整合。

六、加分項目　總分 **10** 分

抑制尖峰用電成效、促進其他公益性。

碳封存是解決全球暖化的救星？

陳薏安

國立臺灣大學社會學系助理

何明修

國立臺灣大學社會學系教授暨

臺大社會科學院風險社會與政策研究中心研究員

壹、前言

2015 年 12 月 12 日，在巴黎舉行的《聯合國氣候變化綱要公約》（United Nations Framework Convention on Climate Change, UNFCCC）第二十一次締約方會議（COP21），一百九十五個國家在歡呼聲中一致通過新的全球溫室氣體減量協議。在未來，每五年各國減碳貢獻將進行審查，具體的長程目標即是將全球升溫控制在 2℃ 以內，並盡可能不超過 1.5℃。由於不合理的國際政治現實，臺灣無法參與聯合國主導的全球談判，但儘管如此，臺灣仍在 2015 年 6 月通過了《溫室氣體減量法》，宣示在 2050 年達到 2005 年一半排放量之目標，以呼應國際的減碳潮流。因此，在國內外一片減碳的要求下，CCS 技術受到更多的關注。

CCS 英文全名為 Carbon Capture and Storage 或 Carbon Capture and Sequestration，中文譯為「二氧化碳捕捉與封存技術」。由於人類過度燃燒煤氣和石油，排放的巨量溫室氣體造成全球性的氣溫劇烈上升。為解決該問題，全世界開始發展各種再生能源試圖替代燃煤發電。但再生能源的開發至今仍未跨過應用上的門檻，國際能源總署（International Energy Agency）2014 年的世界能源展望（World Energy Outlook）報告就指出，在 2035 年化石燃料在新能源情境下仍會占全部能源使用的 76%，火力發電的必要性讓研究者開始發展其他技術解決其造成的暖化問題。火力發電所產生的溫室氣體中，二氧化碳（CO_2）是造成溫室效應最主要的溫室氣體，因此科學家發展出 CCS 技術搭配火力發電，以避免燃燒後產生的二氧化碳逸散至空氣中，藉此降低火力發電的負面影響。

貳、CCS 技術原理

CCS 技術捕捉工業生產後多餘的 CO_2 副產物，再將之長時間封存放置於密閉空間中與大氣隔離，根據不同的處理階段被區分為碳捕集、運輸、碳封存及再利用四部分。

一、碳捕集

碳封存前需先把二氧化碳從廢氣中分離出來，此機制稱為碳捕集或碳捕獲技術，捕集處多半在 CO_2 大量排放的地點，如發電廠、石化廠、鋼鐵廠、水泥廠等處。因捕集成本占了 CCS 總成本的 70%，所以研發方向以提高效率規模和降低成本為重點。現有技術依捕集機

制的差異可分為：燃燒前捕集、燃燒後捕集和富氧燃燒捕集三個主要類別。

（一）燃燒前捕集（Pre-combustion capture）

燃料燃燒前先去除多餘雜質，燃燒後就能產生較純淨的合成氣，合成氣再進行簡單處理後即可分離出二氧化碳。優點是捕集效果好、耗能少、對污染物的控制能力佳。缺點是無法和舊式火力電廠結合，建置成本較高，加上技術可靠度有待驗證，因此還未成為主流應用技術。

（二）燃燒後捕集（Post-combustion capture）

使用化學或物理機制將 CO_2 從燃燒後的廢氣中分離，可應用於現有的舊式燃煤電廠，因為導入的低門檻成為現在的主流。

（三）富氧燃燒捕集（Oxy-fuel combustion systems）

以高濃度的氧氣代替空氣燃燒，雖然同樣使用傳統電廠的燃燒流程，但燃燒後可得高濃度的 CO_2。不過因為分離氧氣所需的成本和耗能高，目前尚處於試驗階段。

二、運輸

收集的二氧化碳液化後體積大幅變小，便能使用槽車、船舶或管線送至特定的地點封存。短期或小量的運輸適合以槽車透過鐵路或公路輸送，海上運輸則參考船舶運送天然氣的方式搬運 CO_2。可應用於陸運和海運的管線運輸是最常見，也最具發展性的方式，長程及大規模的情況下經濟效益最高。

三、碳封存

將二氧化碳存放於特定容器中,利用物理或化學等機制避免其發散至大氣,並盡量封存到百年以上。根據不同的封存地點,碳封存被分為地質封存、海洋封存、礦化封存和生物封存四類。

(一)地質封存

將二氧化碳注入地下鹽水層、舊油氣田或是深層煤層等地質構造封存。封存地層需超過一定深度,此時地底壓力將讓 CO_2 體積自動大幅縮小,達到兼具氣體和液體的特性的超臨界狀態(supercritical fluid),使封存量提升。

生產化石燃料的油氣層本身有不易散逸氣體的特性,加上地質資料在開採油氣時已經過調查,適合做為封存場所。在枯竭的舊氣田或油田中注入二氧化碳時,也可搭配 EOR 或 EGR 技術。EOR(Enhanced Oil Recovery,提高原油採收率技術)和 EGR(Enhanced Gas Recovery,提高天然氣採收率技術)是既有的石油採收技術,在將近枯竭的氣田或油田中注入 CO_2 擠出殘存的化石燃料以提高生產量,讓碳封存同時能生產可獲利的燃料。某些無法開採卻含煤量豐富的地下礦層也可以封存二氧化碳,煤層對 CO_2 有較好的吸附能力,在吸收 CO_2 同時也會將縫隙中的甲烷置換出來,是類似 EGR 同時生產燃料的方式。雖然油氣層與礦層封存的地質條件優良,但封存潛能小,被認為有高封存潛能的地下鹽水層封存法因此成為現在最受矚目的封存法。注入的二氧化碳以超臨界狀態被封存在鹽水層或孔隙裡,或是溶解於鹽水,形成碳酸根及碳酸氫根離子並和礦物反應、沉澱於地層中。

（二）海洋封存

顧名思義，海洋封存即是將二氧化碳封存在海洋中，海洋水體積龐大兼之 CO_2 在水中溶解度高而具封存大量二氧化碳的潛力。海洋封存分為稀釋溶解法和深海隔離法兩種，稀釋溶解法透過船隻或管線將二氧化碳注入並溶解於海中；深海隔離法則把二氧化碳灌注於深海海床上，使之在高壓形成穩定的二氧化碳人工深水湖。

（三）礦化封存

讓金屬氧化物和二氧化碳反應形成固態化合物長期穩定封存，反應機制分為乾式和濕式反應兩類，但操作時需耗費大量能源。

（四）生物封存

讓植物或藻類進行光合作用吸收 CO_2 並將之轉化為有機物再利用，也是一種生物碳捕獲的機制。雖然環境上的永續性讓它受到高度重視，但目前其減碳的速度和質量仍不及於其他封存法，因此未成為主流。

四、再利用

CCS 之目的為減少 CO_2 在大氣中的含量，除了進行封存使之不外洩至空氣中，也可將收集的二氧化碳做其它利用，或是加工後製成商品售出，此即為二氧化碳捕集、再利用及封存技術，又稱 CCUS（Carbon Capture, Use and Storage 或 Carbon Capture, Utilization and Storage）。CO_2 再利用雖然可以避免碳封存可能的問題和風險，甚至可以轉化為再生能源，但目前再利用技術無法消化捕集到的大量二氧化碳，所以大部分還是只能靠封存的方式處理。

參、國際與臺灣案例

由於溫室效應的加劇，CCS 開始受到各國重視。聯合國氣候科學小組指出 CCS 有望在 2050 年減少全球 20% 的排碳量。2011 年年底的 COP17 則正式把 CCS 納入清潔發展機制（CDM）的方式與程序中，歐盟執委會接著在 2014 年的報告中建議歐盟各國訂定執行 CCS 的約束性目標並規劃 CCS 發展藍圖。而美國、加拿大、歐洲等國早已投入資源在其中，根據全球碳捕獲與封存研究院（Global Carbon Caapture and Storage Institute, GCCSI）的資料，不算試驗和先導型計畫，2014 年全球就有五十五項涵蓋碳捕獲、運輸與封存的大規模 CCS 整合計畫，其中有十三個已進入商轉狀態，包括全世界第一個鹽水層碳封存計畫，1996 年開始在挪威外海運轉的 Sleipner 計畫。而 2014 年開始運轉的加拿大 Boundary Dam 的案例則是目前規模最大的 CCS 計畫。

近幾年起步追求能源轉型的臺灣也開始關注此減碳技術。2005 年舉辦的第二次全國能源會議，將碳捕獲和碳封存技術視為減碳手段之一；2015 年的第四屆會議總結報告雖未確定要發展 CCS 或包括再利用技術的 CCUS，但還是建議政府盡速制定碳捕存與再利用的研究計畫與推動時程。政府相關部會與事業單位也投入資源在 CCS 技術研究中。2009 年國科會啟動能源國家型計畫，成員包括政府研究機構、法人研究機構、學術界研究團隊和民營企業等，其目標為研發綠能技術與進一步的產業化，CCS 為推動的技術項目之一。2010 年經濟部成立 CCS 研發聯盟，由經濟部能源局、台電、中油、中鋼公司、工研院及其他成員分頭進行 CCS 技術研究。2011 年環保署主導的 CCS 策略聯盟，則含括負責研發技術的 CCS 研發聯盟，也新增法規訂定的負責單位。

因相關單位的有意推行，臺灣開始實地的碳封存計畫。其中之一便是台電在2007年提出位於鹿港沿海的彰濱工業區的碳封存計畫，規劃在工業區底下地層封存捕獲到的二氧化碳，以配合彰濱火力發電廠計畫的減碳措施。其次，中油和科技部分別先後在2012年和2014年提出苗栗縣永和山的碳封存試驗計畫，欲在永和山枯竭的油氣田中灌注小量二氧化碳進行封存實驗。兩計畫的進行是臺灣碳封存發展的起步，然而兩個個案都因當地民眾的反對而在正式運轉前暫停，目前仍未重新啟動。

肆、爭議點

即使 CCS 被支持者評為全球暖化的最後一道防線，但這個號稱環保的技術卻沒有因此得到環境 NGO 的熱烈支持，反而受到不少批評和反對。首先，CCS 被批評成本太高且減碳成效不彰。著名的國際環境 NGO 綠色和平組織認為 CCS 不能有效改善暖化。他們指出 CCS 不但費用昂貴，還會消耗大量的水和資源，配備 CCS 系統的發電廠所需的水和能源消耗較一般電廠多出90% 和40%。若 CO_2 在封存後洩漏，也會浪費投入其中的能源和資源。此外 CCS 技術使用需花費更多時間，除了其技術目前尚不成熟且發展速度不夠快，也有報告指出 CCS 需花費近百年才能達成一定的減碳效果，但現在全球升溫的問題已迫在眉睫，綠色和平呼籲各國使用如再生能源和保育等價格更低廉且立即性的手段取代 CCS 減碳。[1]

---

1 Greenpeace International, 2008, "Greenpeace report finds CCS is unproven, risky and expensive." Available at: http://www.greenpeace.org/international/en/news/features/ccs-not-going-to-save-the-clim/

其次，環境NGO反對繼續使用化石燃料，但CCS的發展策略建立在繼續使用火力發電的前提下，與CCS搭配使用的EGR和EOR技術更變相增產化石原料，助長火力發電的使用。反對者指出火力發電除了排碳還會產生其他的廢氣與污染，造成漏油、酸雨、城市煙霧、污染地下水層等問題，而這些問題非CCS能解決，以環境友善的能源取而代之才是避免污染的最佳策略。

再者，碳封存技術可能對生態環境與人身安全造成威脅。眾多學者反對海洋封存，指出大量二氧化碳注入海水會造成海水酸化，影響海洋生態與食物鏈，因此國際公約，如《東北大西洋海洋環境保護公約》（OSPAR）已禁止各國在海床上和海洋中進行碳封存。做為應用主流的地質封存法，其風險也受到各方質疑。第一，封存讓地震發生的機率增加，美國有研究指出液化二氧化碳封存在地下有很高的機會引發地震，過去瑞士也曾有將水注入地下而引發地震的實例。第二，封存的二氧化碳可能洩漏。政府間氣候變化專業委員會（IPCC）將CO_2洩漏的風險分為全球和局部風險。二氧化碳洩漏讓溫室氣體重回大氣並讓減碳效果降低，此為全球風險。局部風險則是二氧化碳洩漏讓局部區域短時間的二氧化碳濃度增加，對附近生態系、地下水源和附近居民造成負面影響，可能導致地下水、岩層和土壤的酸化污染，或使地下其他污染物逸散範圍擴大、使動植物產生中毒現象與影響人體健康，甚至造成鄰近區域的大規模傷亡。反對者最常舉出的案例為非洲Nyos湖的二氧化碳洩漏意外。1986年西非的火山湖Nyos噴發，長年沉積在湖底的大量高濃度有毒氣體逸散，使周遭25公里內所有動物窒息而死，超過一千七百人死亡，家畜動物死傷數以千計。這些憂慮也是在地居民反對CCS的最主要原因。雖然支持者表示Nyos的意外和碳封存的機制不同，且碳封存前會經過嚴密的地質調查選擇條件優良的地層封存，封存後也會進行監測，二氧化碳大量洩漏的機率極小，但此說法無法消除所有疑慮。

　　碳封存也因此受到民眾的鄰避抗爭，事實上國內外也曾出現因居民反對而取消的碳封存計畫。在荷蘭的 Barendrecht，中央政府和 Shell 公司欲推行的 CCS 計畫遇到當地政府和民眾的意料之外的強烈反對，在 2010 年被取消。瑞典公司 Vattenfall 在德國布蘭登堡的 Janschwalde 公布其先導型計畫後，也因為當地居民的抗爭，於 2011 年被迫放棄該計畫。

　　臺灣的碳封存計畫也遇到類似的情形，台電、中油與科技部在彰濱與永和山的計畫，在推行前都遇到居民和地方政府的反對而停擺。民眾除了擔心碳封存可能產生危險，對生命財產造成傷害，也進一步表示臺灣地區不適合進行碳封存。除了封存可能讓位處地震帶的臺灣提高地震機率，島上的高人口密度也會增加其風險。另一方面，對政府和事業機關的不信任也加劇民眾的反對聲浪。過去台電和中油與地方居民發生的糾紛讓民眾對他們的信任不足，加上台電和中油未在事前公布計畫內容，讓民眾在新聞報導後才得知計畫資訊，[2] 溝通的失當讓反對者不相信事業機關在進行計畫時會優先考慮居民的安危。除此之外，碳封存也要面對其他能源共同面臨的問題：利益與風險分配的公平性。減碳產生的利益雖由全民共同享用，但封存伴隨的風險由居民承擔是否公平？讓未來的世代承受封存的風險是否合理？這些都是推行碳封存時需要面對與解決的問題。

2　蘋果日報，2013，〈民眾腳下封碳、搞黑箱：非洲曾爆炸　1,700 人死〉。蘋果日報，http://www.appledaily.com.tw/appledaily/article/headline/20130625/3510589 0/。

伍、結語

　　巴黎氣候協議後，全球社會的運作方式和人類的生活方式都將因此產生巨大改變。面對迫在眉睫的氣候危機，人類終於痛定思痛地開始更積極面對問題，為減碳而生的碳捕獲與封存技術也被國內外的支持者寄予高度期望，期望未來可以加快 CCS 發展的進程來減緩失控的升溫問題。在臺灣正進行能源轉型的當下，可預見 CCS 的相關知識將在臺灣社會被推廣且受到越來越廣泛的認識。但 CCS 的發展是否能達到聲稱的減碳效果，或是促成未來能源的轉型？還是成為存續火力發電與化石燃料的藉口，製造更多問題？未來是否應該繼續發展CCS ？這些問題都必須靠研究者持續的研究評估，與社會上多方的討論才能得到解答。

參考文獻

2015 年全國能源會議大會總結報告。取自 http://2014energy.tw/general_ assembly.php 。

98 年全國能源會議，2009，94 年全國能源會議結論執行成效與檢討。經濟部能源局，http://web3.moeaboe.gov.tw/ECW/meeting98/content/ ContentLink.aspx?menu_id=1321，取用日期：2015 年 4 月 15 日。

工業技術研究院，CCS 研發聯盟——成立背景。二氧化碳捕獲與封存技術網，http://ccs.tw/node/37，取用日期：2015 年 4 月 24 日。

中國鋼鐵股份有限公司 EA 能源環境事務推動辦公室，「節能環保主題網頁——突破性技術」。中鋼公司，http://www.csc.com.tw/csc/hr/ green4.htm，取用日期：2015 年 5 月 1 日。

中國鋼鐵股份有限公司 EA 能源環境事務推動辦公室，「節能環保主題網頁——碳捕捉與封存」。中鋼公司，http://www.csc.com.tw/csc/hr/ Carbon4.htm，取用日期：2015 年 4 月 15 日。

行政院環境保護署，「推動碳捕存技術資訊網——封存」。行政院環境保護署，http://ccs.gov2.tw/ccsintro/%E5%B0%81%E5%AD%98，取用日期：2015 年 4 月 15 日。

行政院環境保護署，「推動碳捕存技術資訊網——捕集」。行政院環境保護署，http://ccs.gov2.tw/ccsintro/%E6%8D%95%E6%8D%89，取用日期：2015 年 4 月 15 日。

徐恆文，2013，〈邁向綠能低碳新路徑　碳捕捉先導廠竣工〉。能源報導 2013 年 7 月：22-26。

能源國家型淨媒主軸計畫（NSTPE-CCMP）編著，2012a，《台灣發展碳捕獲與封存技術藍圖與產業聚落發展策略芻議》。桃園：行政院原子能委員會核能研究所。

能源國家型淨媒主軸計畫（NSTPE-CCMP）編著，2012b，《台灣碳捕獲與封存技術經濟評估之現狀與展望》。桃園：行政院原子能委員會核能研究所。

能源國家型淨媒主軸計畫（NSTPE-CCMP）編著，2014，《台灣二氧化
　　碳地質封存地圖集》。桃園：行政院原子能委員會核能研究所。

劉政典、謝秉志、曾繼忠、林再興，2010，〈鹽水地層二氧化碳封存量估
　　算之研究〉。《礦冶》55(3): 41-52。

蘋果日報，2013，〈民眾腳下封碳、搞黑箱：非洲曾爆炸　1,700 人死〉。蘋
　　果日報，http://www.appledaily.com.tw/appledaily/article/headline/20130625/
　　35105890/，取用日期：2015 年 12 月 29 日。

Arthur Neslen, 2015, "EU paper calls for binding CCS targets by 2030." In
　　the guardian, http://www.theguardian.com/environment/2015/jan/26/eu-
　　paper-calls-for-binding-ccs-targets-by-2030 (Date visited: December 22,
　　2015).

BBC, 1986, "1986: Hundreds gassed in Cameroon lake disaster." In
　　BBC, http://news.bbc.co.uk/onthisday/hi/dates/stories/august/21/
　　newsid_3380000/3380803.stm.

Donella H. Meadows, 2000, "Notes on the Underground." In *Taiwan
　　Enviromental Information Center*, http://e-info.org.tw/node/12705 (Date
　　visited: December 24, 2015).

Global CCS Institute, 2014, *The Global Status of CCS: 2014*. Australial:
　　Melbourne.

Greenpeace International, 2008, "Greenpeace report finds CCS is unproven,
　　risky and expensive." In *GREENPEACE*, http://www.greenpeace.
　　org/international/en/news/features/ccs-not-going-to-save-the-clim/ (Date
　　visited: April 15, 2015).

International Energy Agency, 2014, "World Eergy Investment Outlook."
　　France: IEA. https://www.iea.org/publications/freepublications/
　　publication/WEIO2014.pdf.

Jason Szep, 2006, "Scientists Urge Deep - Sea Cure for Climate Change."
　　In *Planet Ark Environmental Foundation*, http://www.planetark.com/
　　dailynewsstory.cfm/newsid/37677/story.htm (Date visited: December 24,
　　2015).

Max Mcclure, 2012, "Carbon capture and storage likely to cause earthquakes, say Stanford researchers." In *Stanford News*, http://news.stanford. edu/news/2012/june/carbon-capture-earthquakes-061912.html (Date visited: December 24, 2015).